Dr.med. Karel J. Probst

Energieschub aus dem Meer

Dr.med. Karel J. Probst

Energieschub aus dem Meer

Meeresalgen: Heilmittel und Nahrung für die Gesundheit

fit fürs Leben Verlag

Die Studien und Erkenntnisse über die Anwendungen in diesem Buch wurden sorgfältig recherchiert und nach bestem Wissen und Gewissen wiedergegeben. Alle Informationen ersetzen aber in keinem Fall ärztlichen Rat und ärztliche Hilfe. Bei erkennbaren Krankheiten ist in jedem Fall ein Arzt aufzusuchen. Der Verlag und der Autor übernehmen keinerlei Haftung für Schäden, die sich durch Anwendung der dargestellten Behandlungsmethoden oder Rezepturen ergeben und übernehmen auch keinerlei Verantwortung für medizinische Forderungen.

Dr. med. Karel J. Probst
Energieschub aus dem Meer
Meeresalgen: Heilmittel und Nahrung für die Gesundheit

2. Auflage 1998

Titel: Peter Jaruschewski
Gestaltung: Martina Wessels
Lektorat: Britta Kurtz
Druck: Druckservice Rotenburg

Dieses Buch wurde auf chlorfrei gebleichtem Papier gedruckt.

ISBN 3-89526-015-0
Printed in Germany

Inhaltsverzeichnis

Danksagung 8

Vorwort 9
von *Dr. med. Richard Schader*

Einleitung 15
Meeresalgen in der Nahrung 16
Verwendung von Phykokolloiden aus Meeresalgen 17
Weltweite Verwendung von Meeresalgen 18
Was sind Meeresalgen? 19

1. Zwei Milliarden Jahre Leben 23
Nahrungskette ohne Ende 23
Meeresalgen und Umweltverschmutzung 25
Die Zellmembran der Algen 26
Mineralien und Spurenelemente in Meeresalgen 28
Erst die Kombination macht's! 29

2. Meeresalgen und Jodhaushalt 33
Jod in der Nahrung 34
Jod sorgt für gesunde Babys 35
Empfohlene Jodzufuhr pro Tag 36
Mit Meeresalgen besser drauf 38

3. Abbau von Umweltgiften aus dem Körper 41
Umweltschadstoffe belasten 43
Umweltgifte in der Nahrungskette 45
Meeresalgen filtern Schwermetalle: wissenschaftliche Erkenntnisse 48

53 **4. Heilkräfte des Meeres – Die Thalasso-Therapie**
57 Meeresalgen bauen Umweltgifte ab
58 Entgiftungsmechanismus von Alginaten
60 Der körpereigene Wasserhaushalt
62 Algenkapsel gleich Algenkapsel?

63 **5. Autoimmunerkrankungen durch Schwermetalle**
65 Symptome bei Metall-Allergien
65 Woraus besteht Amalgam?
66 Wie gelangen Schwermetalle in den Körper?
68 Erfahrungen von Patienten mit Meeresalgen

71 **6. Meeresalgen: Heilmittel und Nahrung für die Gesundheit**
Gesundheitsfördernde Eigenschaften von Meeresalgen:
71 Bluthochdruck
72 Cholesterin
72 Übergewicht
72 Jodmangel
73 Wunden
73 Schleimhäute
73 Magen-Darmgeschwüre
74 Durchfall
74 Schadstoffbelastung
74 Viren
75 Hämorrhoiden
75 Diäten
76 Chirurgische Anwendungen

77 **7. Giftdeponie Mensch**
78 Die Menge macht das Gift
80 Der Mensch als offenes System
82 Warnung vor Allergiemitteln

8. Berichte aus der Wissenschaft **85**
Wahre Schönheit kommt von innen 85
Die Regulation des Immunsystems 87
Radioaktive Strahlung und Krebs 88
Krebshemmende Eigenschaften von Meeresbraunalgen 95

9. Meeresgemüse: Das beste Lebensmittel der Welt **97**
Was ist Gesundheit? 97
Cola, Limo & Co.: Die Calcium-Räuber 98
Moderne Ernährung heute 99
Meeresgemüse: Das beste Lebensmittel der Welt 103
Der positive Einfluß von Gemüse auf unseren Säure-Basen-Haushalt 104
Poseidons Apotheke 107

Nachwort **110**
von *Gudrun Dümer*, Heilpraktikerin

Stichwortverzeichnis **111**

Literaturverzeichnis **115**

Über den Autor **117**

Anwendungsbeobachtung mit Meeresbraunalgen-Kapseln **118**

Referenzen **120**

Kontaktadressen **123**

Bezugsquellen **125**

Danksagung

Für Beiträge, Anregungen und auch Hilfe zur Entstehung dieses Buches danke ich herzlich:

der »Deutschen Gesellschaft für Algenforschung«, Lübeck, für die Bereitstellung von umfangreicher Literatur über Meeresalgen, Erfahrungsberichten und weltweiten Recherchen, *Eckhard Kröncke* für die konstruktive Zusammenarbeit, *Britta Kurtz* für ihre Lektoratsarbeit und Ideen zur Buchgestaltung, *Valèrie Merret,* Brest, Frankreich, für das Auffinden französischer wissenschaftlicher Literatur über Meeresalgen an der Universität Brest, Frankreich, und deren Übersetzung ins Deutsche, sowie meinen zahlreichen Kollegen aus der naturheilkundlichen Praxis, die mir ihre Erfahrungen mitteilten.

Die im Buch gemachten Ausführungen und Erfahrungen berechtigen den Einsatz von Algenerzeugnissen zur Nahrungsergänzung. Zur Verbreitung des Wissens und vielfältiger Nutzung bitte ich alle Interessierten um Unterstützung. Bitte teilen Sie Ihre Anregungen und Erfahrungen direkt dem »Fit fürs Leben«-Verlag, Stendorfer Straße 3, 27718 Ritterhude, mit.

Vielen Dank.

Ihr *Karel J. Probst*

Vorwort

Im Mai 1997 schlug die Weltgesundheitsorganisation – WHO – Alarm: Immer mehr Menschen erkranken weltweit an Krebs, Herz-Kreislauf-Krankheiten, Diabetes und Schlaganfällen. Ursache ist der ungesunde Lebensstil der Menschen in den Industrieländern, und dieser wird zunehmend auch von Menschen in den ärmeren Ländern übernommen.

Die Gründe für den sprunghaften Anstieg der Wohlstandserkrankungen sind nach Untersuchungen der WHO die veränderten Lebensgewohnheiten sowie die steigende Lebenserwartung. Hauptursache ist einseitige und falsche Ernährung, erhöhter Genuß von Tabak und Alkohol sowie Bewegungsmangel.

Meeresalgen – ein gesundes Lebens-Mittel

Kein anderes Naturprodukt ist so reich an Mineralien, Spurenelementen, Aminosäuren und Vitaminen wie die Meeresalgen. Weit über 80 verschiedene Elemente sind nachweisbar. Meeresgemüse hat damit die höchste Nährstoff- und Biostoffdichte aller Pflanzen.

Weltweit wurde beobachtet, daß die Menschen, die regelmäßig Meeresgemüse essen, gesünder und vitaler sind. Neuere wissenschaftliche Untersuchungen bestätigen die gesundheitsfördernde Wirkung der Meeresalgen. Bei vielen diffusen Befindlichkeitsstörungen, Atemwegs- und Hauterkrankungen sind Meeresalgen – ob als Gemüse oder Kapseln – sehr hilfreich. Aufgrund meiner Praxis-Erfahrung gebe ich in bestimmten Fällen Algenpräparate als Nahrungsergänzungsmittel:

1. Unterstützung zur Therapie beim rheumatischen Formenkreis.
2. Bei allgemeinen Befindlichkeitsstörungen wie Müdigkeit, Lustlosigkeit, Erschöpfungssyndrom und Ausgleich bei Fehlernährung. Mir wurde meist schon nach drei bis vier Wochen über besseren Nägel- und Haarwuchs und gesteigertes Wohlbefinden berichtet.
3. Bei diffusen Hauterkrankungen mit Neigung zur Schuppenflechte und Ekzemen.
4. Zur Unterstützung der medikamentösen Therapie bei Darmerkrankungen. Nach meinen Untersuchungen hat sich die Resorptionsfähigkeit und die Assimilation gebessert.
5. In der Sportmedizin. Ein gutes Ernährungsprogramm ist bei Sportlern die Voraussetzung, um erfolgreich zu sein. Die Algenkapseln sind dabei eine prädestinierte Nahrungsergänzung und nach meiner Beobachtung orthomolekularen Monosubstanzen vorzuziehen. Wahrscheinlich werden die in den Algenkapseln gebundenen pflanzlichen Nährstoffe vom Körper physiologisch besser aufgenommen und verwertet. Algenkapseln sind für mich in der Sportmedizin das Mittel der Wahl.

Von anderen Kollegen habe ich ähnliche oder gleichlautende Rückmeldungen bekommen.

Warum haben Meeresalgen eine heilende und gesundheitsfördernde Wirkung? Mit rein medizinischen Kenntnissen ist das schwer zu erklären. Der Mensch als offenes System ist eben mehr als nur eine Ansammlung von Billionen von Zellen und Stoffwechselprozessen .

Ein wichtiger Grund ist die Aktivierung der Selbstheilungskräfte durch die vielen Nähr- und Biostoffe der Algen. Sie bewirken eine Stärkung des menschlichen Organismus, und damit wird die körpereigene Regulationsfähigkeit gestärkt. Es ist bekannt, daß alle Zellen miteinander verschachtelt und vernetzt sind. Nichts darf isoliert gesehen werden.

Zink, ein Spurenelement, ist Bestandteil von mehr als 100 Enzymen. Um eine optimale Körperverfügbarkeit zu erreichen, benötigt Zink zusätzlich Kalzium, Kupfer, Phosphat und die Vitamine A, B_6 und E. Ähnlich verhält es sich mit allen anderen Elementen. Erst die verschiedenen Wechselwirkungen der Elemente miteinander bringen die Zellen zu einer optimalen Leistung. Selbst so seltene Spurenelemente wie Bor, Chrom, Kobalt, Molybdän, Zink oder Vanadium können bei einem Mangel das ganze Zell-Orchester in Mißklang bringen. Mangelerscheinungen von Bor können zu Akne, Ekzemen und Dünndarmentzündungen führen. Zinkmangel verzögert die Pubertät, läßt Wunden schlechter heilen, vermindert die Insulin- und Hormonproduktion, und letztlich kann die Potenz des Mannes beeinträchtigt werden.

Diese wissenschaftlichen Erkenntnisse macht sich die Industrie zunutze und bietet zahlreiche Präparate zum Ausgleich an. Leider fehlt den industriell hergestellten Einzel-Substanzen wie zum Beispiel Kalzium, Kalium, Zink oder den Vitaminen A, B, C und E die synergetische Wirkung anderer Elemente. So benötigt unter anderem Vitamin C zur hundertprozentigen Körperverfügbarkeit unbedingt Flavonoide (ein Pflanzenfarbstoff), Kalzium, Kupfer, Magnesium und neben Mangan auch noch die Vitamine A und B.

Ähnlich verhält es sich mit Jod, einem lebenswichtigen Spurenelement der Schilddrüse. Meeresalgen enthalten natürlich gebundenes Jod. Anstatt bei einer Unterversorgung der Schilddrüse Meeresalgen (z.B. in Kapseln) zu verabreichen, werden oft Jodtabletten verschrieben. Was ist der Unterschied zwischen beiden Mitteln, und warum ist biologisch gebundenes Jod industriellem vorzuziehen?

Das Jod der Meeresalgen ist an Kalium gebunden und somit ein pflanzliches Kalijodatum. Jod für sich allein verdunstet nicht, sondern geht unmittelbar vom festen Zustand in einen gasförmigen über. Kalium zieht unter den Elementen am stärksten Wasser an, Jod alleine meidet das Wässrige. Mit Kalium zusammen hat es eine synergetische Wirkung.

Mit Meeresalgen können Lungenstaus bei Asthma sowie Körperödeme beseitigt werden. Warum nutzen Bergsteiger im Himalaja und in den Anden Algen? Füllt sich beim Bergsteiger in großen Höhen die Lunge mit Wasser, so unterstützt Jod die Atmung. In Verbindung mit Kalium wird verstärkt Wasser gebunden und ausgeschieden. Das gleiche ist auch bei Asthmatikern zu beobachten. Außerdem desinfiziert Jod sauerstoffempfindliche Keime, die sich in wässrig-schleimigem Milieu wohlfühlen. Das erklärt, warum eine chronische Bronchitis gut abheilen kann bzw. die überstarke Schleimbildung zurückgeht.

Pflanzlich gebundenes Jod kann darüber hinaus auch noch Radioaktivität binden und wirkt somit multifunktionell. Meeresalgen versorgen das Zellmilieu mit fast allen Lebensbausteinen, aus denen wir selbst bestehen. Das bewirkt eine unspezifische Stärkung des Immunsystems. Darüber hinaus haben sie auch noch die Fähigkeit, Umweltschadstoffe aus dem Körper zu entfernen. Wie ist das möglich?

Meeresbraunalgen sind weltweit die potentesten Ionen-Austauscher. Das pflanzliche Gerüst der Algen – das Alginat – besteht überwiegend aus negativ geladenen Ionen. Diese Ionen ziehen Natrium-Ionen an, und es entsteht Natriumalginat. Das wiederum hat eine hohe Affinität zu positiv geladenen

Metall-Ionen. Natriumalginat kann Schadstoffe binden und dann über den Darm ungiftig ausscheiden.

Dieses Phänomen wird von keiner anderen Pflanze erreicht. Immer mehr Umweltmediziner nutzen daher in ihrer Praxis Meeresalgen. Auch Zahnmediziner verwenden zunehmend zur unterstützenden Ausleitung von Dentallegierungen (u.a. Quecksilber) Meeresalgen. Meist werden den Patienten Algenkapseln empfohlen. Man kann den gleichen Erfolg jedoch auch mit Meeresgemüse erreichen. Der etwas fremde Geschmack ist allerdings nicht jedermanns Sache, und daher sind die Algenkapseln als Nahrungsergänzung eine elegantere Lösung.

Macht eine Nahrungsergänzung Sinn?

Industriell hergestellte Nahrung ist oft denaturiert, und dadurch werden wichtige Mineralien und Spurenelemente zu wenig aufgenommen. Hinzu kommt, daß Obst und Gemüse für lange Lagerzeiten und Transportwege haltbar gemacht werden. Dabei gehen viele Vitamine, Mineralstoffe, Spurenelemente und andere Lebensbausteine verloren.

Wir haben keinen Mangel an Nahrung, sondern meist einen Mangel an Vitalstoffen. Diese spielen als Zündfaktoren im Zellmilieu eine lebenswichtige Rolle. Fehlt nur ein Teil über einen längeren Zeitraum, kommt es zu einer Dysbalance im Zellmilieu. Der Körper reagiert dann zunächst mit Befindlichkeitsstörungen und neigt zu häufigen Infekten. Auch Haarausfall, Schuppenflechte und Ekzeme können verstärkt auftreten.

Nahrung ist Medizin

Diese Weisheit aus dem Altertum ist heute so wichtig wie vor 2.000 Jahren. Zum medizinischen Fortschritt gehört nicht nur eine bessere Diagnostik und Chirugie, sondern auch die Erkenntnis, daß die meisten Erkrankungen mit einer guten Ernährung zu vermeiden sind. Die WHO rechnet in den kommenden 25 Jahren mit einem drastischen Anstieg von Krebs, Herzinfarkten und Stoffwechselerkrankungen. Es geht nicht nur um Lebensverlängerung, sondern der Schwerpunkt liegt bei MEHR-Lebensqualität. Nach dem heutigen Wissensstand hat jeder - Sie und ich - die Möglichkeit, die Eigenverantwortung selbst in die Hand zu nehmen. Und in diesem Fall können biologisch gebundene Nahrungsergänzungsmittel, wie zum Beispiel Algenkapseln, einen wertvollen Beitrag leisten.

Das vorliegende Buch von meinem Kollegen *Dr. med. Karel J. Probst* ist zu begrüßen, weil es eine wichtige Informationslücke schließt. Ich wünsche Ihnen viel Freude beim Lesen, Anregungen zu Me(h)er-Eigeninitiative und eine gute Gesundheit.

Dr. med. Richard Schader

Einleitung

Millionen Menschen zieht es immer wieder magisch ans Meer. Weltweit. Warum? Intuitiv spüren sie, daß das Meer ihnen Ruhe, Entspannung und neue Lebenskraft zurückgibt

Nach einem längeren Aufenthalt am Meer sind meist die unterschiedlichsten Befindlichkeitsstörungen und nebenbei viele Hautunreinheiten wie Pusteln und Schuppen wie weggeblasen.

Sonne, Wind und Meer begünstigen diesen Effekt, aber hauptsächlich ist es auf das zurückzuführen, was im Meerwasser ist: z.B. Calcium, Eisen, Fluor, Germanium, Gold, Jod, Kalium, Magnesium sowie viele weitere Mineralien und Spurenelemente.

Urlaub am Meer läßt Hautunreinheiten verschwinden

Aber nicht nur Meerwasser, sondern auch Fische, Krebse und Meeresalgen werden seit Jahrtausenden von den Menschen genutzt.

In seinem Buch »Fighting Radiation & Chemical Pollutants with Food, Herbs & Vitamins«, USA 1994, schreibt *Steven R. Schechter* u.a. über Meeresalgen:

»Weltweit wurden positive Erfahrungen mit Meeresalgen (Meeresgemüse) gemacht. Die Beobachtungen über 20 Jahre bestätigten, daß diejenigen, die viel Meeresgemüse aßen, durchweg vitaler und gesünder waren.«

Schon zur Zeit der Römer vor 2000 Jahren war die gesundheitsfördernde Wirkung von Meeresalgen bekannt. Bei Gelenkschmerzen, Asthma und Hautkrankheiten und zur Vitalitätssteigerung aß man gern Meeresgemüse. Bei den meisten Küstenbewohnern Europas, Asiens und Kanadas gehört Meeresgemüse fast täglich auf den Speisezettel. Und das schon seit Jahrhunderten.

Literaturtip: Christiane Sudeck, »Meeresgemüse. Energieschub aus dem Meer« im »Fit fürs Leben-Magazin« 6/1996, S. 30

Meeresalgen in der Nahrung

In letzter Zeit kommen immer mehr Kosmetikprodukte auf Algenextraktbasis in den Handel. Das ist kein Zufall, denn die moderne Wissenschaft erkannte, daß damit die Haut mit mehr Nährstoffen versorgt wird und Falten besser geglättet werden. Und das mit ganz natürlichen Substanzen.

Darüber hinaus nehmen wir fast täglich in großem Maßstab industriell gewonnene Alginate aus Algen zu uns. Ob wir uns die Haare shampoonieren, die Zähne putzen, die Haut eincremen, Marmelade, Joghurt oder Weichkäse essen, Meeresgemüse ist meist dabei. Das geschmacksneutrale Algenkolloid wird gern als Binde- und Gleitmittel sowie als Stabilisator in der Lebensmittelherstellung verwendet.

In der Zutatenauflistung liest es sich dann so: E 400, E 401, E 402 usw. Das sind unterschiedliche Feinheitsstufen der Alginate und meist unverzichtbare Basis für 250 Endprodukte.

Verwendung von Phykokolloiden aus Meeresalgen

	Agar	Carra geenan	Algi-nate
(A) Nahrungsmittelindustrie			
Gelees, Marmeladen, Pudding	✗	✗	✗
Fleischkonserven (als Pektinersatz)	✗	✗	
Fruchtsäfte, Limonaden (zur Stabilisierung)		✗	✗
Speiseeis (zur Verhinderung von Eiskristallen)		✗	✗
Kakaogetränke (zur Stabilisierung)		✗	
Joghurtzubereitungen, Bonbonfüllungen			✗
Salatsaucen (zur Stabilisierung)		✗	✗
Wursthüllen (als Kunstsaitling)	✗		✗
Diät- und Schlankheitsnahrung	✗	✗	
(B) Textil- und Farbenindustrie			
Alginatkunstseide			✗
Textildruckfarben			✗
(C) Kosmetische und pharmazeutische Industrie			
Zahnpasta, Rasierseife, Lippenstifte			✗
Zahnheilkunde (Gebißabdruck)		✗	✗
Hautcremes, Salben (als Emulgator)		✗	✗
Nährböden für die Mikrobiologie	✗		
Analytische Chemie (als Trenngelee)			✗
Medizinische Kapseln (Hüllsubstanz)		✗	
Chirurgisches Nahtmaterial			✗

(Aus: *Klaus Lüning*: Meeresbotanik, Thieme 1985)

Weltweite Verwendung von Meeresalgen

Produkt **verwendete Algen-Spezies**	**Wert** **(Millionen US$)**	**Menge** **(t) pro Jahr**	**Rohalgen (t)** **Frischgewicht**
Alginate *Macrocystis, Laminaria, Ascophyllum nodosum, Durvillaea, Lessonia sp.*	230	27.000	500.000
Agar *Gelidium, Gracilaria, Gelidiella, Pterocladia sp.*	160	11.000	180.000
Carrageenan *Euchchaumia, Chondrus crispus, Gigasrtina, Furcellarea lumbricalis, Hypnea sp.*	100	15.500	250.000
Algenmehl *Ascophyllum nodosum, Fucus sp.*	5	10.000	50.000
Dünger	10	510.000	550.000
Flüssigdünger	5	1.000	10.000
Industrielle Verwendung (gesamt)	**510**		**1.540.000**
Als Nahrungsmittel			
Nori *(Porphyra sp.)*	>1.800	40.000	400.000
Wakame *(Undaria sp.)*	600	20.000	300.000
Kombu	>600	300.000	1.300.000
Algen als Nahrungsmittel insgesamt	**>3.000**		**2.000.000**

Aus: *A. Jensen*: Present and future need for algae and algal products, *Hydrobiologia* 260/61, 15-23, 1993

Was sind Meeresalgen?

Die Meeresalgen, poetisch auch die *»älteren Geschwister der Sonne und der See«* genannt, gehören zu den ersten Lebensformen auf unserem Planeten. Sie sind die Urahnen unserer Pflanzenwelt. Bedingt durch den evolutionären Prozeß über Jahrmilliarden hinweg, wurden sie die vitalsten Pflanzen. Meeresalgen bilden die größte Quelle für Mineralien, Spurenelemente, Aminosäuren und Vitamine. Ihre Speicherfähigkeit von Nährstoffen ist unübertroffen.

Meeresalgen, die älteren Geschwister der Sonne und der See

Meerwasser ist eine reichhaltig zusammengesetzte Flüssigkeit. Es enthält ca. 3,5 Prozent gelöste anorganische Stoffe. Diese werden von Meeresalgen zum Teil in organische Verbindungen umgewandelt. Der Ozean ist ein riesiges Reservoir chemischer Elemente. Im Meer gibt es keinen Mangel und wird es nie geben. Alle Elemente des Lebens für Pflanze, Tier und Mensch sind im Meer vorhanden. Im Meerwasser und im menschlichen Blut existieren ähnliche chemische Verbindungen. Darum sind Meeresprodukte auch für uns eine vollwertige Nahrung.

Wie wir in der Schule gelernt haben, sind Pflanzen die einzigen Organismen, die selber Nahrung herstellen können. Die wichtigen Nährstoffe, die z.B. im Steak enthalten sind, kommen ursprünglich von Pflanzen, die wiederum von den Meeresalgen abstammen. Diese sind also Ursprung der Nährstoffe und enthalten alle wichtigen Elemente in Hülle und Fülle. Diese reichhaltige Quelle des Lebens sollte gleichermaßen von Mensch und Tier genutzt werden. Viele aus dem Wasser absorbierte Mineralien befinden sich in Meeresalgen in einem kolloidal gebundenen Zustand und werden nach dem Verzehr vom menschlichen Körper problemlos aufgenommen.

Meeres-Braunalgen »ascophyllum nodosum«

Algen machen oft durch bedrohliche Schlagzeilen wie z.B. *»Killeralgen«, »Algen-Pest«,* und *»Phantomalgen«* von sich reden. Zu Unrecht haben sie bei uns ein schlechtes Image. Über den Nutzen von Algen wissen die wenigsten Menschen etwas. Wie schon erwähnt, sind sie allgegenwärtig: in Zahnpasta, Schlagsahne, Schokolade und Kosmetika. Sie sind als Nahrungsmittel gefragt, können zur Schadstoffreduktion eingesetzt werden und produzieren die Hälfte des Sauerstoffs, den der Mensch einatmet.

Es gibt über 20.000 verschiedene Algensorten. Wir unterscheiden Mikro- und Makroalgen. Mikroalgen sind Einzeller, und wir sehen sie meist im Süß- und Meerwasser bei ansteigenden Temperaturen »blühen«.

Makroalgen sind Meeresalgen, von denen es ca. 4.000 verschiedene Arten gibt. Sie haften mit ihren Wurzeln meist an einem Fels oder Stein. Sie haben einen Stamm, Stengel und sehen blattähnlich aus. Makroalgen können über 50 Meter und länger im Meer wachsen. Deutschlands Küste ist am Wasser überwiegend sandig, und nur um Helgoland (Festlandschelf) gibt es größere Gebiete mit Meeresalgen. Für eine lukrative Algen-Industrie, wie wir sie in Frankreich, Irland, Norwegen, Island oder in Kanada kennen, lohnt es sich nicht.

Verzehrt werden nur Makroalgen: z.B. die Braun- und Rotalgen, die für den menschlichen Verzehr sehr gut geeignet sind. Meeres-Braunalgen – *ascophyllum nodosum*, ein Knotentang – sind sehr vitaminreich und besonders nährstoffhaltig. Sie beinhalten 45 Mineralien und Spurenelemente, die vom Körper täglich benötigt werden. Es sind die Lebensbausteine, aus denen wir bestehen. Dies kann u.a. ein Indiz unserer »Meeres-Herkunft« sein. Braun- und Rotalgen werden weltweit gern als Meeresgemüse, Speziallebensmittel und als Nahrungsergänzungsmittel (Algenkapseln) genutzt.

Braun- und Rotalgen enthalten über 45 verschiedene Mineralien und Spurenelemente

Meeres-Braunalgen sind für den menschlichen Verzehr sehr gut geeignet

I. Zwei Milliarden Jahre Leben

Vor ca. 2 Milliarden Jahren erlangten gewisse Riesenmoleküle die Fähigkeit, sich selbst zu verdoppeln – sich also zu vermehren. Von diesen noch im dunkeln liegenden Anfängen geht der Weg des an Wundern überreichen Lebens aus. Hier liegt der Ursprung aller Pflanzen und Tiere. Durch Photosynthese (durch Licht werden Baustoffe hergestellt), entwickelten sich die ersten Pflanzen – wahrscheinlich waren es Blaualgen.

Millionen von Jahren haben Meerespflanzen die Ur-Ozeane bewohnt. Aber irgendwann begann dann die Entwicklung von einfachen Tangpflanzen bis zu großen zapfentragenden Bäumen (Farne und Schachtelhalme gehören mit zu den ältesten Landpflanzen).

Nur Lebendiges kann das Leben weitergeben, und jedes Wesen enthält Leben und Erbe von einem anderen, das ihm gleicht

Nahrungskette ohne Ende

Nur die Kleintiere des Meeres leben von Pflanzen, von den Algen des Planktons. Ein Kuriosum in der Nahrungskette des Meeres ist die Tatsache, daß einige der allergrößten Meerestiere sich von den allerkleinsten ernähren: Bartenwale. Fast alle leben von Plankton, von Krill und Flügelschnecken. Auch die bis zu zehn Meter großen Walhaie (Riesenhai) sind reine Planktonfresser.

Nahrungsaufbau in der Kette:

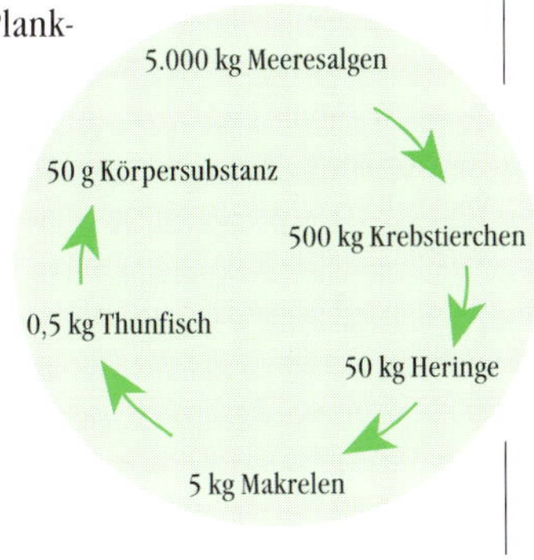

Planet Erde

Besteht zu 70% aus Wasser.

Der Pazifik bedeckt fast die Hälfte der Erdoberfläche! Größte Tiefe beträgt 11.022 m. Alle Meere sind miteinander verbunden (Meeresströme). Alles ist grenzenlos. Alles Land unserer Erde könnte im Meer versenkt werden, und das Wasser würde mit einer Tiefe von 2.500 Meter alles bedecken.

In keiner anderen Flüssigkeit sind so viele Stoffe löslich wie im Wasser. Dank dieser Eigenschaft ist das Meer ein wahres Schatzhaus.

Im Meer bilden all diese Substanzen den reichen Nährboden für Kleinstlebewesen, von denen sich wiederum alles höhere Leben ernährt. Das Wunder des Lebens ist nur möglich durch das Wunder des Meeres, das zugleich das Wasser ist. Also muß die Schatzkammer Meer positiv für unsere Gesundheit sein.

Mensch

Besteht zu 70% aus Wasser.

Der Mensch besteht bei einem Körpergewicht von 72kg aus 70% Wasser (= 50,40 kg), 16,5% Eiweißstoffen (=11,55kg), 10% Fett (=7,0 kg), 1,2% Kohlenhydraten (=0,84 kg), 5% Mineralien (=4,0kg).

Der Mensch besteht aus den gleichen Bausteinen, aus denen auch unsere Erde zusammengesetzt ist: Mineralstoffe und Spurenelemente. Mit Hilfe des Sonnenlichts und des Wassers stellen Pflanzen aus diesen Substanzen Vitamine, Fettsäuren und Eiweiße her. Eiweiß besteht aus Aminosäuren, die die Pflanzen synthetisieren.

Der griechische Arzt *Hippokrates* vor 2.300 Jahren: *»Alles Leben stammt aus dem Meer.«*

Meeresalgen und Umweltverschmutzung

Meeresalgen sammeln und speichern keine Schadstoffe, wie es von Muscheln, Krebsen, Fischen, Landtieren und uns Menschen bekannt ist. Die äußere Membran der Meeresalgen nimmt nur die Nährstoffe auf, die sie zum Leben benötigt. Eine zu hohe Konzentration von Schadstoffen unterbleibt.

Durch die starke Industrialisierung werden teilweise Meeresbuchten verunreinigt. Es kommt dann zu einer starken Vermehrung von Meeresalgen, um die hohe Schadstoffkonzentration abzubauen. Eine Blaualgenart erweist sich als besonders nützlich im Kampf gegen verschmutzte Gewässer. Diese wird, so haben Forscher herausgefunden, mit dem Sprengstoff TNT ebenso fertig wie mit PCB-Rückständen.

Die Meeresalgen konnten eine Milliarde Jahre überleben, da sie keine Giftstoffe speichert

Da Meeresalgen sich nicht selbst vergiften können, konnten sie auch über eine Milliarde Jahre überleben. Allerdings sind *diese* Meeresalgen durch die hohe Schadstoffkonzentration für den menschlichen Verzehr ungeeignet. Die Pflanzenstruktur ist brüchig, und die Richtwerte für Schadstoffe werden nach dem Lebensmittelgesetz überschritten.

Deshalb sind Meeresalgen aus dem Nordatlantik und dem Eismeer vorzuziehen. Dort ist der Ozean kalt, rein und sehr sauerstoffreich. Das Algenmaterial wird immer sofort nach der Ernte von den Behörden im Labor überprüft. Erst dann wird die Ernte zur weiteren Verarbeitung freigegeben.

Die Erntezeit erfolgt nur in den Monaten Mai bis September unter strenger behördlicher Aufsicht. Somit wird ein gesundes Nachwachsen garantiert, und eine willkürliche Plünderung der Algenfelder unterbleibt.

Insgesamt kann man sagen, daß die Meeresalgen eine saubere, ohne Chemiedünger und Insektizide behandelte nährstoffreiche Nahrungsquelle sind.

Diese uns zur Verfügung stehende wertvolle Nahrungsquelle wird mit Erfolg auch in der Naturheilmedizin bei Befindlichkeitsstörungen, zur Entgiftung von Umweltschadstoffen und zur Unterstützung bei der Quecksilber-Ausleitung in der Zahnmedizin eingesetzt.

Die Zellmembran der Algen

Durch dieses Doppelhäutchen strömt automatisch Wasser in die Zelle. Mit der »Erfindung« der halb-durchlässigen Membran wird die Nährstoffzufuhr gesichert.

Die Zellmembran schützt das lebenswichtige Eiweiß vor schädlichen Umwelteinflüssen

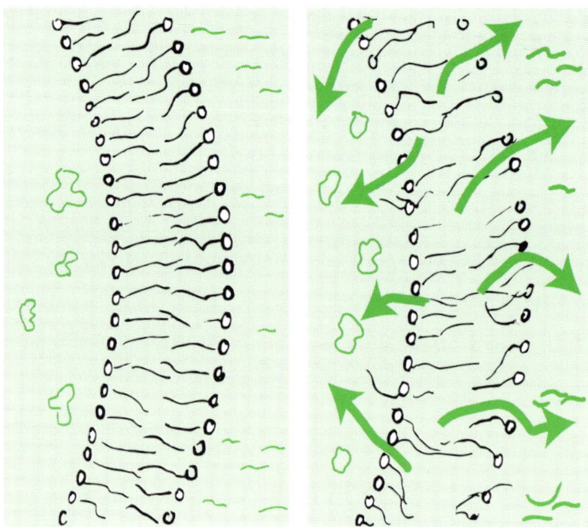

Zellmembran geschlossen ***Zellmembran geöffnet***

Die Bildung dieser Membran (Zellhaut) ist leicht zu erklären. Alle Zellmembranen, auch die in unserem Körper, bestehen aus Fettsäureverbindungen (Lipiden), in die noch weitere Substanzen eingelagert sind. Im Urmeer konnten sich Membranen aus Lipiden leicht bilden. Lipide werden bei Berührung mit Wasser von selbst zu Membranen. Das Wasser im Inneren der Zelle und das Wasser außen im Meer sorgen dafür, daß die Schutzhaut entsteht und erhalten bleibt. Sie macht das Eiweiß unabhängig von der Außenwelt, und das bedeutet: Das Leben tragende Eiweiß wurde von schädlichen Umwelteinflüssen geschützt.

Die Zellmembran riegelt nicht nur ab, sondern sie fungiert wie ein Torwächter: Freundlich-Nützliches wird hereingelassen, und das Feindlich-Schädliche bleibt draußen. Das ist bis heute so geblieben.

Die Zellmembran der Algen funktioniert wie ein »Torwächter«

Beim Austausch spielt die Salzkonzentration eine wichtige Rolle. Ist in der Zellflüssigkeit mehr Salz gelöst als im Wasser außerhalb der Zelle, strömt durch den osmotischen Druck Wasser nach innen. Ist dagegen die Zellflüssigkeit stärker verdünnt als das Meerwasser, gibt die Zelle Wasser nach außen ab.

Das Wasser strebt stets danach, einen Konzentrationsausgleich herzustellen. Die verschiedenen Stoffe werden somit an- und abtransportiert.

Die Zellmembran der Algen besitzt folgende Funktionen:

1. Abgrenzung von Zellen und Zellräumen
2. Regelung des Stoffaustausches zwischen Zellen und ihrer Umgebung
3. Einbau von Enzymen und anderen Proteinen
4. Aufbau elektrischer Potentiale (Nervensystem)
5. Erkennen von Nachbarzellen und fremden Zellen (Stoffwechselhaushalt)
6. Erkennen von Hormonen durch bestimmte Membranproteine (Rezeptorproteine: Hormone, Botenstoffe, zur Informationsübertragung)

Das Cytoplasma setzt sich hauptsächlich zusammen aus Proteinen, Wasser und Ionen (Kalium, Kalzium, Magnesium, Natrium).

Mineralien und Spurenelemente in Meeresalgen

Mineralien/Spurenelemente
Aluminium, Antimon, Barium, Calcium, Chlorid, Eisen, Fluor, Germanium, Gold, Jod, Kalium, Kobalt, Kupfer, Lanthan, Magnesium, Mangan, Molybdän, Natrium, Nickel, Phosphor, Rubidium, Schwefel, Selen, Silber, Silicium, Stickstoff, Strontium, Titan, Thallium, Vanadium, Wolfram, Zink, Zirkonium, Zinn

Andere Elemente
Beryllium, Brom, Caesium, Cer, Chrom, Gallium, Indium, Iridium, Niob, Palladium, Platin, Rhodium, Thorium, Wismuth

Aminosäuren
Alanin, Arginin, Asparaginsäure, Citrulin, Cystin, Glycin, Glutaminsäure, Histidin, Isoleucin, Lysin, Methionin, Ornithin, Phenylalanin, Prolin, Serin, Threonin, Tryptophan, Tryosin, Valin

Verschiedene Vitamine
Vitamin A, C, E, Riboflavin, Niacin, Pantothensäure, Metylpentosan, Laminarin, Polysaccharide

Kohlenhydrate
Alginsäure, Mannit

Verbindungen
Cholin, Orotsäure

Erst die Kombination macht's!

Die richtige Kombination der Mineralien und Spurenelemente ist wichtig

Unsere tägliche Nahrung enthält Vitamine, Mineralien, Proteine, Fette, Kohlenhydrate und andere Nährstoffe, die sich in ihren verschiedensten Kombinationen ergänzen. Kein Bestandteil bleibt völlig isoliert. Alle Elemente sind oft nur in Spuren nachweisbar, aber in Kombination für die Körperverfügbarkeit unbedingt Voraussetzung. Denn jedes Element verstärkt die nützliche Wirkung der anderen.

Die Tabellen auf Seite 30 und 31 zeigen die synergetische Wirkung verschiedener Nahrungselemente sowie Faktoren, die einen Mangel verursachen können.

Nahrungselement	synergetische oder komplementäre Elemente		Verursacher von Mangel an Elementen	
Vitamin A	Calcium Choline Jod Phosphate ungesättigte Fettsäuren	Vitamin-B- Komplex Vitamin B_{12} Vitamin C Vitamin D Vitamin E Zink	Luftverschmutzung Alkohol Arsen Aspirin Kaffee kaltes Wetter Kortikosteroide	Streß Zigaretten Nieren- und Leber- Krankheiten Infektionen Diabetes mellitus Drogen
Vitamin-B-Komplex	Calcium Magnesium Phosphate	Vitamin C Vitamin E Zink	Alkohol Antibiotika Aspirin	Infektionen Streß Schlaftabletten
Vitamin C	Bioflavonide Calcium Kupfer Magnesium	Mangan Vitamin A Vitamin B_{12}	Luftverschmutzung Alkohol Antibiotika Antibaby-Pille	Schmerzmittel Zigaretten Menstruation Kortikosteroide
Vitamin E	Inositol Magnesium Mangan Selen ungesättigte Fettsäuren	Vitamin A Vitamin B- Komplex Vitamin B_{12} Vitamin C	Luftverschmutzung Hyperlipidämie Östrogene Antibaby-Pille	
Chlorid	Folsäure Inositol Linolensäure Mangan	Vitamin A Vitamin-B- Komplex Vitamin B_{12}	Alkohol Koffein	Insektizide Zucker
Calcium	ausreichende Eigenproduktion von Magensäure Eisen Magnesium Mangan Phosphate	Vitamin A Vitamin C Vitamin D Vitamin E ungesättigte Fettsäuren	Ängste Aspirin Kortikosteroide Durchfall	Streß Bewegungsmangel Vitamin-D-Mangel

Folsäure	Biotin Vitamin-B-Komplex	Vitamin C	Alkohol Krampflösende Mittel Durchfall	Antibaby-Pille Streß Krankheit
Kobalt	Kupfer Eisen	Vitamin B_{12} Zink	keine bekannt	
Kupfer	Kobalt Eisen	Vitamin C Zink	Zink-Überschuß	
Jod	bisher unbekannt		starkes Schwitzen	Antibaby-Pille
Eisen	Calcium Kobalt Kupfer Folsäure ausreichende Eigenproduktion von Magensäure	Phosphate Proteine Vitamin B_6 Vitamin B_{12} Vitamin Magnesium	Antazida Aspirin Koffein Durchfall Mangan-Überschuß Synthetisches Vitamin E	Phosphat-Überschuß Zink-Überschuß Menstruation Schwangerschaft
Magnesium	Calcium Phosphate Proteine Vitamin B_6	Vitamin C Vitamin D	Antibiotika Calcium-Überschuß Phosphat-Überschuß	
Phosphate	Calcium Eisen Magnesium Mangan Proteine	Vitamin A Vitamin D ungesättigte Fettsäuren Zink	Alkohol Aluminium Antazida Aspirin Kortikosteroide	Diuretika Magnesium- Überschuß Zucker
Kalium	Magnesium Natrium	Vitamin B_6	Alkohol Diuretika	Streß Zucker
Selen	Eisen	Vitamin E	Quecksilber	Giftige Metalle
Zink	Calzium Kupfer Phosphate	Vitamin A Vitamin B_6 Vitamin E	Alkohol Cadmium Kortikosteroide	Diuretika Antibaby-Pille Leukämie

Mineralstoffe, Spurenelemente und Vitamine sind lebensnotwendige und unentbehrliche Bausteine für unsere Gesundheit

Mineralstoffe, Spurenelemente und Vitamine sind lebensnotwendige und unentbehrliche Bausteine für unsere Gesundheit. Zahlreiche, nur in kleinsten Mengen im Körper vorkommende Elemente sind ebenfalls lebensnotwendig (z.B. Aluminium, Brom, Chrom, Germanium, Kupfer, Mangan, Molybdän, Wolfram, Zink).

Jedes Element verstärkt die nützliche Wirkung der anderen. Nur durch das natürliche Zusammenwirken aller Elemente kann die Zelle eine optimale Leistung bringen. Der prozentuale Anteil einzelner Elemente ist interessant, hat aber nur eine sekundäre Bedeutung.

2. Meeresalgen und Jodhaushalt

Die Pflanzen auf der Erde brauchen ein Gerüst, das ihnen Standfestigkeit und Form verleiht. Dieses Gerüst wird aus einzelnen Zuckermolekülen aufgebaut, die chemisch miteinander zu langen Ketten verbunden sind (Zellulose). Das Holz der Bäume ist zum Beispiel ein derartiges Zellulosegerüst.

Auch die Meeresalgen brauchen ein Gerüst, das ihnen die spezifische Form verleiht. In der Braunalge besteht dieses Gerüst aus *Algin,* einer aus verketteten Zuckersäuren aufgebaute Substanz, die die Eigenschaft hat, große Mengen an Wasser zu binden. Dadurch entsteht ein sogenanntes Hydrokolloid (Gel). Dieses Hydrokolloid verleiht den Algen nicht nur ihre Form, sondern ist auch für die außerordentliche Speicherfähigkeit von wertvollen Nährstoffen verantwortlich.

Meeresalgen besitzen eine außerordentlich hohe Speicherkapazität wertvoller Nährstoffe

Das mit der Algenmahlzeit aufgenommene Alginat bleibt überwiegend im Magen-Darm-Trakt. Während der Passage werden die im Hydrokolloid eingelagerten lebenswichtigen Bausteine (Mineralien, Spurenelemente, Vitamine, Aminosäuren) abgegeben, die in gut löslicher Form die Darmschleimhaut leicht passieren können.

Im Austausch bindet das Hydrokolloid Gifte (ähnlich wie beim Ionen-Austauscher-Verfahren), mit denen der Organismus überladen ist, und bringt diese über den Stuhl zur Ausscheidung. Niedermolekulare Anteile des Alginats können auch aus dem Darm aufgenommen werden. Ihnen wird ein positiver Einfluß auf das Immunsystem zugeschrieben.

In der Wissenschaft ist es schon lange bekannt, daß Meeresalgen eine tumorhemmende Wirkung haben. Die körpereigene Immunabwehr kann durch den Biostoff *Fucoidan* gestärkt werden. Von *Prof. Dr. Hartmut Heine*, Universität Witten/Herdecke, wurde ein Algen-Komplex untersucht.

In seiner Veröffentlichung, natura-med 7-8/1992, schreibt er: *»Der untersuchte Algen-Komplex regt das paraimmune Geschehen im Organismus an. Als wirksame Komponenten konnten dabei durch die hydrokolloidale Alginsäure komplexierte Proteine und Polysaccharide wahrscheinlich gemacht werden. Deutlich ist die Zunahme neutrophiler Granulozyten sowie deren vermehrte physiologische Lysefähigkeit zu beobachten. Die bei diesem Vorgang freigesetzten biologisch aktiven Substanzen wirken immunmodulatorisch und greifen in alle Regelvorgänge des Organismus ein. Die daraus resultierenden Möglichkeiten zur Regeneration und Erholung stellen eine ›Kosmetik von innen heraus‹ dar.«*

Japanerinnen erkranken seltener an Brustkrebs als Frauen aus dem Westen

Japanische Frauen z.B. haben im Vergleich zu ihren westlichen Geschlechtsgenossinnen eine deutlich geringere Brustkrebsrate. Wissenschaftler führen das auf den hohen Algenanteil in der japanischen Nahrung zurück.

Neben den verschiedenen sekundären Biostoffen sind es vor allem die vielen Mineralien, Spurenelemente, Aminosäuren und Vitamine, die unseren Allgemeinzustand verbessern können. Es gibt keine zweite Pflanze auf unserem Planeten mit diesem Reichtum an Vitalstoffen. Zur Nahrungsergänzung sind sie daher in der heutigen Zeit genau das Richtige.

Jod in der Nahrung

Fühlen Sie sich oft schlapp, müde und antriebsarm? Vielleicht liegt es an der Schilddrüse. Wahrscheinlich bekommt sie zu wenig Jod. Deutschland ist ein Jodmangel-Land. Untersuchungen an rund 7.000 Deutschen in 32 Städten brachten es an den Tag: Das Volksleiden »Kropf« ist weiter verbreitet als man vermutete. Mit rund 100.000 Schilddrüsenoperationen gehört dieser Eingriff mit zu den häufigsten. Diese Volkskrankheit muß nicht sein.

Jod ist ein lebenswichtiges Spurenelement für unsere Schilddrüse und erfüllt eine wichtige Funktion für Stoffwechselprozesse, Nervensystem, Blutbildung und Infektabwehr. Bei Jodmangel kann es zu einer Vergrößerung der Schilddrüse kommen. Verbunden sind schleichende Veränderungen der Schilddrüsenfunktion mit unterschiedlichen Gesundheitsstörungen: Antriebsarmut, Müdigkeit, Infektanfälligkeit, langsamer Puls, erhöhtes Kälteempfinden bis hin zu Potenzstörungen können die Folge sein.

Schilddrüsenerkrankungen infolge von Jodmangel sind in Deutschland leider viel zu häufig

Am häufigsten leiden Frauen an kranken Schilddrüsen. Schuld ist dabei meist die Pille. Die Pille entzieht dem Körper Jod (wie bei einer echten Schwangerschaft) und verschärft den Jodmangel. Östrogene senken den Anteil wirksamer Schilddrüsenhormone im Blut. Um die eigene Unterfunktion auszugleichen oder das Wuchern in Schach zu halten, schlucken schon mehr als zwei Millionen Deutsche täglich das Schilddrüsenhormon *L-Thyroxin*.

Jod sorgt für gesunde Babys

Jede vierte Frau hat bereits zu Beginn ihrer Schwangerschaft eine vergrößerte Schilddrüse. Darauf weisen führende deutsche Gynäkologen hin. Die Betroffenen merken kaum, daß sie unter einer Unterfunktion der Schilddrüse leiden. Damit erhöht sich das Risiko für Fehl- und Frühgeburten. *Prof. Heinz Günther Bohnet*, Gynäkologe in Hamburg:

»Dem Kind einer solchen Frau drohen Entwicklungsstörungen mit Einbußen seiner körperlichen und geistigen Leistungen. Längst nicht jede Schilddrüsen-Unterfunktion

geht mit der Bildung eines Kropfes einher. Eine sichere Diagnose ist nur mit Hilfe von Ultraschall- und labor-chemischen Untersuchungen möglich. Bei positivem Befund muß die Schwangere zusätzliche Gaben von Jod bekommen. Dies ist um so wichtiger, als Schwangere ohnehin einen erhöhten Jodbedarf haben. Der Embryo zehrt nämlich bereits vom Jod der Mutter. Unterbleibt dies, weisen dann schon zwei von drei Frauen im letzten Drittel ihrer Schwangerschaft eine krankhaft vergrößerte Schilddrüse (Struma) auf. Von den Babys kommt jedes zehnte bereits mit einer Struma zur Welt.«

Jodmangel bei Schwangeren kann zu Komplikationen bei der Geburt führen

Eine weitere Folge des Jodmangels bei Schwangeren und dem Ungeborenen sind Komplikationen während der Geburt. *Prof. Bohnet: »Durch die Wehentätigkeit kann die Herzfrequenz des Kindes stark abfallen mit der Folge eines lebensbedrohlichen Sauerstoffmangels. Meist bleibt dann nur ein Kaiserschnitt.«* Eine ausreichende Jodversorgung während der Schwangerschaft ist daher sehr wichtig.

Als wirksames Mittel gegen Kropfbildung durch Jodmangel wird im allgemeinen jodiertes Speisesalz empfohlen. Da sich bei Schwangeren aber oft Wasser im Körper ansammelt und Ödeme bildet, sollten werdende Mütter nicht verstärkt Salz zu sich nehmen.

Empfohlene Jodzufuhr pro Tag

(Berechnet für Personen mit überwiegend sitzender Beschäftigung)

Jugendliche und Erwachsene	200 mcg
Schwangere	240 mcg
Stillende	280 mcg

Die Ermittlung des Jodbedarfs für den Menschen ist schwierig, da der Körper sich innerhalb gewisser Grenzen an ein unterschiedliches Jodangebot mit der Nahrung anzupassen vermag. Außerdem ist das Körpergewicht sowie die individuellen Aktivitäten (schwere körperliche Arbeit, Streß, Sport usw.) zu berücksichtigen.

Ein echter Jod-Basedow oder eine Jod-Akne werden unter dem Dreifachen der empfohlenen täglichen Jodzufuhr nicht induziert. Diese Komplikationen sind nur bei einem Überschreiten der empfohlenen Zufuhr um eine oder mehrere Zehnerpotenzen beobachtet worden (Quelle: Deutsche Gesellschaft für Ernährung).

Die Jodaufnahme über die normale Nahrung ist bei uns ungenügend

Die Jodaufnahme über die normale Nahrung ist bei uns ungenügend. Die letzte Eiszeit hat das Jod aus dem Boden gewaschen und in die Meere geschwemmt. Somit enthalten die erzeugten pflanzlichen und tierischen Produkte nur wenig von diesem lebenswichtigen Spurenelement. Um diesen Jodmangel auszugleichen wird empfohlen, jodiertes Speisesalz (enthält anorganisches Kaliumjodat) oder Jodtabletten einzunehmen. Besser ist es, organisch gebundenes Jod dem Körper zuzuführen (z.B. Seefische, Meeresalgen als Gemüse oder Algenkapseln). Warum?

Die Pflanze hat die Fähigkeit, ihre Nahrung selbst herzustellen: Sie baut anorganisches Material und Mineralien in organische Strukturen um. Wie allgemein bekannt, können wir in Pflanzen eingebette Mineralien, Spurenlemente und andere Elemente über die Darmschleimhaut besser aufnehmen. Das ist sicherlich durch den Evolutionsweg begründet. Zum Beispiel ist das in Pflanzen gebundene Vitamin C gekoppelt am Bioflavanol, Calcium, Kupfer, Magnesium, Mangan, Vitamin A und B_{12} (siehe auch Tabelle auf Seite 30/31) und erst durch diesen Synergismus optimal für den Körper verfügbar. Ähn-

Diabetiker sollten immer ein Stückchen Traubenzucker bei sich haben

lich vergleichbar mit Traubenzucker: Traubenzucker wird über die Darmschleimhaut sofort dem Körper zugeführt. Wird Haushaltszucker verzehrt, führt der Weg über die Leber, wird dort zu Traubenzucker verstoffwechselt und kann erst dann dem Körper als Energiespender zur Verfügung stehen. Deshalb müssen Diabetiker immer ein Stückchen Traubenzucker bei sich haben. Sollte es einmal zu einem drastischen Blutzuckerabfall kommen, kann man das innerhalb kürzester Zeit mit Traubenzucker ausgleichen.

Darüber hinaus wird Jod zur Vorbeugung beziehungsweise zur Behandlung der Arteriosklerose empfohlen. Jod ist aufgrund seiner Molekülstruktur ein gutes Antioxidans. Antioxidantien schützen den Organismus vor Oxidationsprozessen und können somit eine Arteriosklerose verzögern.

Mit Meeresalgen besser drauf

Neben Jod enthält die Meeresalge auch noch viele andere seltene Elemente wie:

Germanium, ein Spurenelement, das die Fähigkeit hat, Schwermetalle wie z.B. Quecksilber aus der Luft und der aufgenommenen Nahrung in unserem Körper zu neutralisieren. Außerdem übt Germanium eine wohltuende und positive Wirkung auf den gesamten Körper aus.

Bor, ein Spurenelement, sorgt für die Stabilität der Zellwände und repariert defekte Wände. Kalium und Calcium sind auf Bor angewiesen (Synergismus).

Chlorid, dieser Mineralstoff reguliert mit Kalium und Natrium zusammen den osmotischen Druck des Blutplasmas und spielt eine wesentliche Rolle beim Wasserhaushalt, Kohlendioxid-Transport sowie bei den roten Blutkörperchen.

Eisen, dieses Spurenelement ist wichtig für den roten Blutfarbstoff. Seine Haupttätigkeit besteht darin, den Sauerstoff aus den Lungen über die Blutgefäße zu den Zellen zu transportieren. Außerdem ist es in den Enzymen vorhanden, die den Eiweißstoffwechsel steuern. Besonders bei Frauen stellt man immer wieder einen Eisenmangel fest und versucht, das durch Eisenpräparate auszugleichen. Das klappt meist nicht, weil auch hier zur Körperverfügbarkeit Folsäure, Kalzium, Kobalt, Kupfer, Magnesium, Phosphate, Proteine und Vitamine dazugehören.

Zink, ein weiteres wichtiges Spurenelement, das erst in den letzten Jahren erforscht wurde. Schon lange wußte man, daß Zinksalbe auf Wunden eine positive Wirkung bei der Heilung ausübt und antibakteriell wirkt. Zink spielt eine Schlüsselrolle im Immunsystem und unterstützt die Bildung von weißen Blutkörperchen. Die beste Körperverfügbarkeit erreicht man mit Zink, wenn gleichzeitig Kalzium, Kupfer, Phosphate und die Vitamine A, B und E zugeführt werden.

Mit Meeresalgen Gesundheit aus der Kraft des Meeres schöpfen

3. Abbau von Umweltgiften aus dem Körper

Wir sind in unserem Wohnbereich ständig Giften ausgesetzt. In unserem Haushalt finden wir mehr als 70 verschiedene Gifte: Formaldehyd, Lindan, PCP, Chloroform, Pestizide, Furane, Dioxine usw. Mit Holzschutzmitteln wurden Häuser mit privater und öffentlicher Nutzung wie z.B. Büros, Schulen, Kirchen, Pfarrhäuser und Kindergärten behandelt und vergiftet. Nach einigen Jahren erkrankten die Bewohner teilweise lebensgefährlich und mußten ausziehen. Die Gifte Lindan, PCP, Pyrethroide (Pilzgifte) gelangen über Haut und Atmung in den Körper. Nach Erkenntnissen von Umweltmedizinern wird das Nervensystem angegriffen. Die Betroffenen klagen über Kopfschmerzen, Müdigkeit, Atembeschwerden und andere Befindlichkeitsstörungen.

Die Entgiftungsprozesse in den Zellen kollabieren, weil die durchschnittliche Ernährung zur Entgiftung nicht ausreicht. So sind z.B. unsere Landpflanzen durch den sauren Regen derart belastet, daß ihre Wurzeln Selen aus dem Boden nicht mehr ausreichend aufzunehmen vermögen. Selen jedoch unterstützt bei Pflanzen, Tieren und Menschen die Entgiftung. Meeres-Braunalgen enthalten natürliches Selen.

Der menschliche Organismus kann die Anhäufung von Umweltgiften im Körper oftmals nicht mehr bewältigen

Am gesamten Stoffwechselvorgang sind die einzelnen Bausteine nur im Verbund mit den anderen Biostoffen voll wirksam. Z.B. Zink, ein Spurenelement, ist Bestandteil von 160 verschiedenen Enzymen, die für unterschiedliche Stoffwechselprozesse benötigt werden.

Es macht daher keinen Sinn, einzelne Mineralien wahllos einzunehmen. Das kann auch zu einer Überdosierung führen und dann mehr schaden als nutzen. Calcium kann nur mit einer entsprechenden Menge an Vitamin D resorbiert werden. Natürliches Vitamin C ist an den Pflanzenstoff Flavanol gebunden. Hier bestehen enge Wechselbeziehungen, die zur Wirksamkeit erforderlich sind. Eine Kombination hiervon gibt es nicht zu kaufen.

Bei einer sinnvollen Nahrungsergänzung muß eine Überdosierung einzelner Elemente ausgeschlossen sein. Deshalb ist eine ausgewogene Ernährung mit viel Obst und Gemüse hilfreich und vorzuziehen. Meeresgemüse bildet eine ideale Ergänzung zu diesen Lebensmitteln.

Die Einnahme von Algenkapseln ist eine ideale Unterstützung bei der Entgiftung von Schadstoffen

Getrocknete Meeres-Algen gibt es in vereinzelten Spezialfachgeschäften zu kaufen. Die Zubereitung jedoch ist umständlich und nicht jedermanns Sache. Einfacher und praktischer ist das Einnehmen von Algenkapseln. Algenkapsel ist jedoch nicht gleich Algenkapsel. Nur durch ein aufwendiges und schonendes Verfahren können die Wirkstoffe in ihrer natürlichen Zusammensetzung konzentriert und erhalten werden.

Einfach trocknen und in Kapseln abfüllen reicht nicht aus, weil dann die Zellstruktur nicht aufgeschlossen wird. Die wertvollen Inhaltsstoffe können nur bedingt vom Körper aufgenommen werden, und der positive Effekt unterbleibt. Das Aufschließen der Zellstruktur erfolgt heute durch ein gefriergetrocknetes Verfahren. Wenn Sie die Kapsel auseinanderziehen, werden Sie an eine frische Meeresbrise erinnert.

Der extreme Reichtum an Vitaminen, Mineralien und Spurenelementen kann sich sofort entfalten. Ein Übermaß dieser Lebensbausteine kann nicht erfolgen, weil durch die optimale natürliche Zusammensetzung des Algenpulvers eine Angleichung an den Organismus erfolgt. Mehr als »gut drauf sein« kann man nicht erreichen.

Das Meer bietet Erholung und Spaß für die ganze Familie

Umweltschadstoffe belasten

Im Auftrag der Deutschen Angestellten-Versicherung wurden vom *FORSA-Institut* über 1.000 Menschen befragt. Im April 1996 wurde die Studie veröffentlicht und danach fühlen sich überdurchschnittlich viele Frauen (46%) durch Umweltbelastung in ihrer Gesundheit beeinträchtigt. 41% der Befragten führten Krankheiten direkt auf Umweltprobleme zurück.

Als Hauptprobleme wurden genannt:

1. Autoabgase (79%)
2. Klimaveränderung (56%)
3. Industrieabgase (56%)
4. Schadstoffe im Essen (55%)

Eine Studie von *Prof. Ernst Gleichmann*, Universität Düsseldorf, »Metal ion induced autoimmunity«, Current opinion in Immunology 1995, 7: 831-838, bestätigte: Schwermetallionen können autoreaktive Immunzellen aktivieren. Die geladenen Teilchen sollen sogar Autoimmunkrankheiten auslösen können. Wahrscheinlich werden die Körpereiweiße verändert. Die Schwermetallionen sind möglicherweise Auslöser von Allergien und Autoimmunität. *Prof. Gleichmann: »Die Ergebnisse lassen keinen Zweifel daran, daß Schwermetallionen autoreaktive T- und B-Zellen aktivieren können. Inwieweit dies auch für menschliche Autoimmunerkrankungen relevant ist, läßt sich derzeit jedoch nur schwer beurteilen.«*

Jeder Mensch ist unterschiedlich sensibel, und Schwermetalle verhalten sich in jedem Körper anders. Dem einen machen Metallionen nichts aus, und bei dem anderen kann sich hinter mancher Schwermetall-Allergie möglicherweise eine Autoimmunreaktion verbergen. Den Nachweis zu erbringen, muß die weitere Forschung zeigen. Interessant ist, daß immer wieder über ein Nachlassen der Allergien berichtet wird, wenn der tägliche Speiseplan mit Meeresgemüse ergänzt wird.

Die Umweltmedizin wird immer wichtiger. Die Veröffentlichung einer Studie der Erlanger Universität vom April 1995 brachte es an den Tag: Immer mehr Bundesbürger suchen den Arzt wegen umweltbedingter Gesundheitsstörungen auf. Diese sind meist diffus und werden auch von psychischen Symptomen begleitet.

Immer mehr Bundesbürger suchen den Arzt wegen umweltbedingter Gesundheitsstörungen auf

Manchmal werden die Patienten sogar als *»Ökochonder«* (eingebildete Umweltkranke) angesehen. Die Studie weist aber nach, daß in vielen Fällen zum Beispiel Holzschutz- oder Lösemittel, Amalgan und andere Schadstoffe mit für die verschiedenen körperlichen Beschwerden verantwortlich gewesen sind. Die Eigenverantwortung für eine gesunde Wohnumwelt und ein besseres Wohlergehen bleibt aber beim Bürger.

Umweltgifte in der Nahrungskette

Die chemische Verunreinigung von Luft, Wasser und Boden hat schwerwiegende Konsequenzen, da die Gifte bereits ihren Weg in die Nahrungskette gefunden haben und die Körperzellen schleichend vergiften.

Um sie zu beseitigen, ist es für die Leber am einfachsten, sie wasserlöslich zu machen und sie dann über Harn oder Galle (und somit über den Darm) aus dem Körper ungiftig auszuscheiden. Viele Stoffe sind jedoch nicht wasserlöslich. Dann gibt es für die Leber zwei Möglichkeiten: abbauen oder umwandeln.

Die chemische Verunreinigung von Luft, Wasser und Boden hat schwerwiegende Konsequenzen für den Menschen

Beim Schadstoffabbau entstehen neue Moleküle, und diese können für den Körper schädlich sein. So zum Beispiel Benzopyren (Tabakrauch). Benzopyren selbst ist ungefährlich, aber wenn die Leber seine Moleküle zur Beseitigung verändert, bilden sich krebserregende Stoffe.

Schadstoffe, die nicht wasserlöslich sind, müssen von der Leber abgebaut oder umgewandelt werden.

Beim Schadstoffabbau über die Leber müssen die Moleküle aufgebrochen werden, und es werden kleinere Fragmente gebildet. Diese Fragmente können für den Körper schädlich sein, weil dabei agressivere und gefährliche Abbauprodukte entstehen.

Beispiel: Solange man eine kleine Glasflasche in der Hand behält, kann man sich nicht verletzen. Beim Entsorgen kann sie zerbrechen, und es entstehen viele kleine scharfkantige Splitter. Damit steigt die Verletzungsgefahr.

Beim Schadstoffabbau entstehen neue Moleküle, und diese können für den Körper schädlich sein

Nicht immer führen Abbauprodukte zu krebsartigen Veränderungen, sind aber dennoch schädlich für den Organismus. Dies kann zum Beispiel der Fall sein beim Abbau von Pestiziden (DDT, PCP, Lindan), Lösemitteln (Farben, Lacke, Kleber) und auch Dentallegierungen.

Was von der Leber nicht abgebaut und ausgeschieden wird, wird in den Körperzellen, meist im Fettgewebe, geparkt. Ein bestimmter kleinerer Teil befindet sich im Darm, im Blut und in den Knochen. Das Verhältnis dieser Schadstoffanteile verteilt sich gleichmäßig im Körper und ist nach einer bestimmten Zeit stabil.

Jeder Mensch reagiert auf Umweltschadstoffe anders

Durch dieses Schutzsystem werden die Leber und der Organismus voll funktionsfähig erhalten. Erst nach einer größeren Ansammlung von Schadstoffen im Körper können die ersten Befindlichkeitsstörungen wie Mattigkeit, Unlust und allgemeines Unwohlsein auftreten. Häufig kommen Hautjucken, Haarausfall, Infektanfälligkeiten oder auch Allergien hinzu. Man ist einfach »nicht gut drauf«. Die Symptome sind unspezifisch, nicht greifbar. Auch umfangreiche Untersuchungen führen oft zu keinem Ergebnis. Für den behandelnden Arzt ist es schwierig, eine Diagnose zu stellen, um dann die Therapie einzuleiten.

So kann es, muß es aber nicht sein, da bekanntlich jeder Mensch unterschiedlich sensibel auf Umweltschadstoffe reagiert.

Meeresalgen filtern Schwermetalle: wissenschaftliche Erkenntnisse

Bereits 1862 wurde von dem Franzosen *Duchenes Duparc* nachgewiesen, daß Algenpulver hilft, Fett aus dem Gewebe zu mobilisieren. Außerdem stellte er fest, daß es auch eine entwässernde und reinigende Eigenschaft hat.

Dr. D. Waldron Edward, USA, berichtete 1964 über die entgiftende Wirkung durch den Verzehr von Meeresbraunalgen. Er hatte erfahren, daß japanische Küstenbewohner trotz radioaktiver Verstrahlung (Atombombenabwurf auf Hiroshima und Nagasaki im August 1945) nicht erkrankten. Der japanische Arzt *Dr. Shinichiro Akizuki* war Direktor des »Saint Francis Hospital« in Nagasaki. Sein Krankenhaus lag nur 1,8 km vom Atombombenabwurf entfernt. *Akizuki* hat damals das Leben seiner Mitarbeiter und hunderte verstrahlter Patienten mit japanischer Naturkost gerettet. Er gab ihnen Naturreis, Misosuppe, Land- und Meeresgemüse und Hokkaidokürbis mit Meersalz.

Wissenschaftler haben die entgiftende Wirkung durch den Verzehr von Meeresbraunalgen entdeckt

Bedingt durch den Kalten Krieg in den sechziger und siebziger Jahren überlegten sich Wissenschaftler, welche zusätzlichen Therapie-Möglichkeiten es neben jodierten Tabletten bei einem radioaktiven Fallout noch gibt. Denn mit Jod-Tabletten allein konnte man nur wenig erreichen. Schon damals fand man heraus, daß natürlich vorkommendes Jod in Meeresalgen eine besser schützende Eigenschaft vor radioaktiven Strahlungen hat als anorganisches Kaliumjodat. Weitere Studien wurden in den 60er Jahren an der Mc Gill Universität in Montreal, Kanada, unter der Leitung von *Prof. Yukio Tanaka* durchgeführt. Man experimentierte mit Meeresalgen von verschiedenen atlantischen und pazifischen Küstenregionen. Sie berichteten in ihrer Arbeit von einer Substanz, Natriumalginat, das aus der Meeresbraunalge *ascophyllum nodosum* gewonnen wurde und die Fähigkeit besitzt, radioaktives Strontium im Darm zu binden und auszuscheiden. Dabei beobachtete man, daß gleichzeitig auch Schwermetalle ausgeschieden wurden.

Weitere experimentelle Studien wurden mit Long-Evans Ratten an der University of California, Livermore, unter der Leitung von *Dr. A. J. Silva*, *Dr. D. G. Fleshman* und *Dr. B. Shore* durchgeführt. Die Arbeit wurde 1970 in Health Physics 19, 245-251, unter »The Effects of Sodium Alginate on the Absorption and Retention of several Divalent Cations« veröffentlicht:

Alginate sind sehr gut in der Lage, bereits aufgenommene Schwermetalle wieder auszuleiten

Material und Methoden

Gruppe	Männl. Long-Evans Ratten, 200 g, 5 Ratten
Gruppe I	Beginn der Alginat-haltigen Nahrung 3 Tage vor Radionuklid-Applikation
Gruppe II	Beginn der Alginat-haltigen Nahrung am Tag der Radionuklid-Applikation
Gruppe III	Beginn der Alginat-haltigen Nahrung 3 Tage nach Radionuklid-Applikation
Gruppe IV	Kontroll-Gruppe, erhielt die Standard-Diät während der gesamten Versuchsdauer

Messung der Gesamtkörper-Radioaktivität über 3 Wochen

Halbwertzeit der Gesamtexkretion in Tagen

Radionu-kleide	Kontrollgruppe (T 1/2)1	(T 1/2)2	Gruppe 1 (T 1/2)1	(T 1/2)2	Gruppe 2 (T 1/2)1	(T 1/2)2	Gruppe 3 (T 1/2)1	(T 1/2)2
^{54}Mn	1.0±0.1	11.9±2.0	0.7±0.04	7.2±0.7	1.0±0.2	12.1±1.1	1.1±0.2	11.5±1.9
^{60}Co	1.2±0.5	11.4±0.8	1.2±0.1	12.1±1.1	1.1±0.1	13.1±0.4	1.3±0.4	14.7±1.3
^{65}Zn	2.8±0.5	95.1±11.4	2.4±0.8	35.9±7.1	2.3±0.5	41.8±5.1	3.1±0.4	76.5±8.2
^{85}Sr	4.8±0.4	189.4±10.5	1.0±0.5	101.3±11.7	2.5±0.4	137.4±14.8	4.4±0.4	175.2±9.6
^{100}Cd	0.7±0.1	131.5±19.6	0.5±0.2	17.6±2.5	0.6±0.2	31.4±13.4	0.8±0.2	63.9±10.2
^{113}Sn	0.7±0.1	28.3±2.8	0.5±0.1	14.5±3.7	0.5±0.2	19.7±3.3	0.7±0.1	19.9±3.5
^{133}Ba	2.7±0.3	126.6±7.9	0.6±0.02	32.2±7.1	1.5±0.1	60.8±11.8	2.5±0.2	121.9±4.8
^{203}Hg	1.7±0.1	67.0±7.8	1.5±0.1	31.2±4.1	2.0±0.3	29.9±3.0	1.6±0.2	42.7±3.2

	Kontrollgruppe (T 1/2)1	(T 1/2)2	Gruppe 1 (T 1/2)1	(T 1/2)2	Gruppe 3 (T 1/2)1	(T 1/2)2
^{85}Sr (Strontium)	14.8±0.4	189.4±10.5	1.0±0.5	101.3±11.7	4.4±0.4	175.2±9.6
^{109}Cd (Cadmium)	0.7±0.1	131.5±19.6	0.5±0.2	17.6±2.5	0.8±0.2	63.9±10.2
^{203}Hg (Quecksilber)	1.7±0.1	67.0±7.8	1.5±0.1	31.2±4.1	1.6±0.2	42.7±3.2

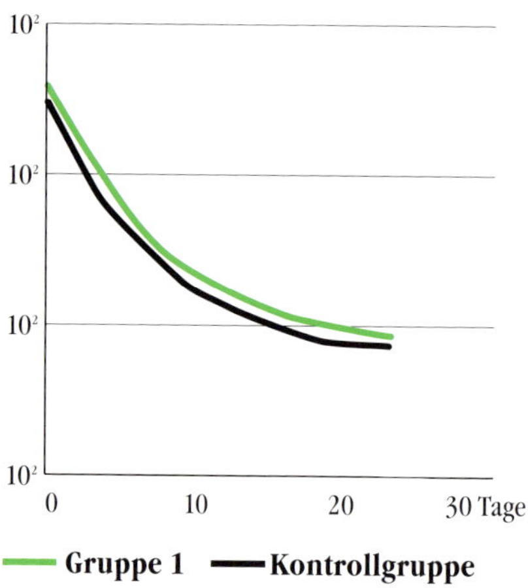

Kobalt

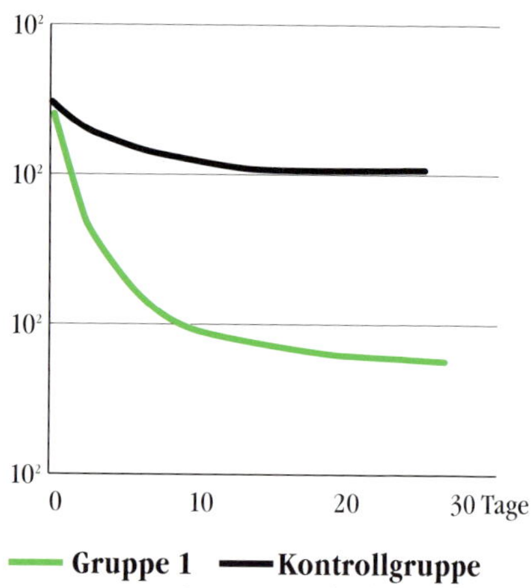

Strontium (85)

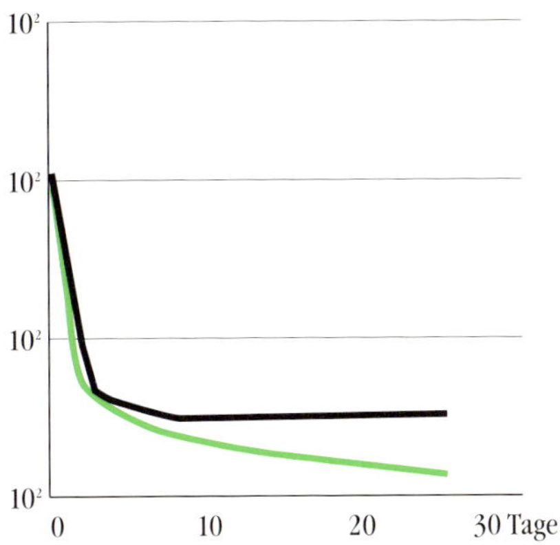

Gruppe 1 Kontrollgruppe
Cadmium (109)

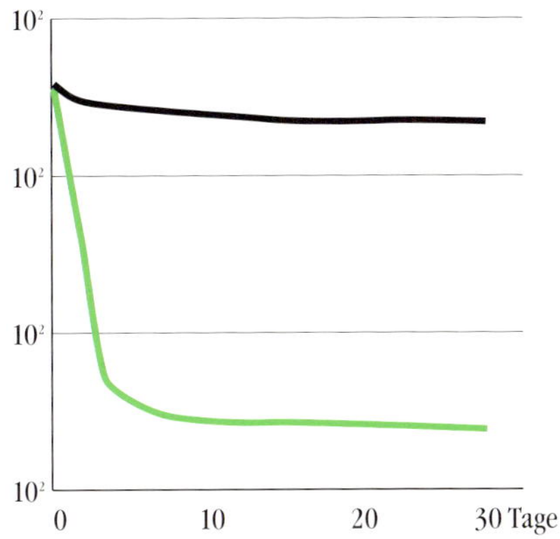

Gruppe 1 Kontrollgruppe
Barium (133)

Vergleich zwischen Kontrollgruppe (nur Diät) und Gruppe 1 (Nahrung mit Alginaten, 3 Tage vor Beginn der Verabreichung und währen der gesamten Zeit)

Schadstoff-Ausscheidung nach Gabe von Alginaten

	Halbwertzeit in Tagen
Strontium	101 Tage
Cadmium	17 Tage
Quecksilber	31 Tage

Diese Studien belegten, daß das Alginat der Meeresbraunalge *ascophyllum nodosum* gut in der Lage ist, bereits aufgenommene Schwermetalle auszuleiten.

Sind diese Studien auch auf Menschen übertragbar?

Ja, durchaus. Eine Studie an Menschen wurde bereits 1965 von U. K. Atomic Energy Authority, Windscale an Calder Works, Sellafield, Seascale, Cumberland erstellt: »Effect of Sodium Alginate in Inhibiting Uptake of Radiostrontium by the Human Body«:

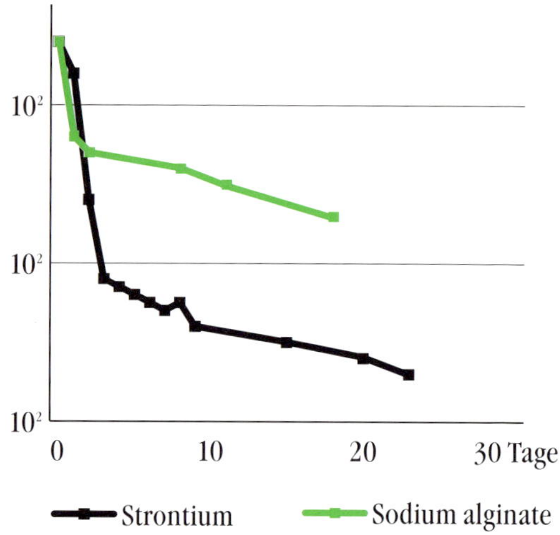

Natrium-Alginate wirken hemmend auf die Aufnahme von radioaktivem Strontium beim Menschen.

Unter der Gabe eines Natriumalginats konnte nach 30 Tagen ein deutlich meßbarer Abfall der Radioaktivität festgestellt werden.

Strontium lagert sich in den Knochen ab und hat eine lange Halbwertzeit. Wegen der kurzen Halbwertzeit wurde Strontium 85 anstatt 89 (HWZ 15 Jahre) genommen.

Heutzutage sind Untersuchungen an Menschen aus ethischen Gründen nicht mehr möglich. Sie würden allerdings die gleichen Ergebnisse haben, denn die physikalisch-chemischen Eigenschaften haben sich nicht geändert.

4. Heilkräfte des Meeres – Die Thalasso-Therapie

»Neun Zehntel unseres Glückes beruhen allein auf Gesundheit...«, A. Schopenhauer, 1788-1860

Schön und vital sein - ein Wunsch vieler Frauen, aber auch zunehmend von Männern -, kann letztlich nur von innen kommen.

Die ideale Kosmetik »von innen« wird immer mehr von Kur-Hotels in Deutschland angeboten. Bis zu 2.000 Quadratmeter große beeindruckende Gesundheits-, Fitness- und Schönheitsbereiche sind in den letzten Jahren entstanden und sind mit einem Thalasso-Therapie-Zentrum verbunden.

An der französischen Atlantikküste bei Brest entstand bereits 1899 das erste »Thalasso-Zentrum«. Es war schon lange bekannt, daß die Heilkräfte des Meeres »alle Beschwerden wegwaschen« können, wenn man sie konzentriert einsetzt.

Die Thalasso-Therapie beruht auf den vitalisierenden Inhaltsstoffen der Meeresalgen und auf dem heilenden Meer

Die Thalasso-Therapie (*»thalassa«*, griechisch = das Meer) stützt sich auf zwei Kräfte: auf die lebenswichtigen und vitalisierende Inhaltsstoffe des Schönheitsspenders Meeresalgen und auf das heilende Meer. Meeresalgen sind vollgetankt mit Vitaminen, Mineralien, Spurenelementen und Aminosäuren, die den Abbau von Gift- und Fettstoffen beschleunigen und entzündungshemmend wirken. Die Aufnahme der regenerierenden Biostoffe wird durch Sprudelbäder, Massagen und kurmäßigen Verzehr von Meeresgemüse bzw. Algenkapseln beschleunigt.

Die Urkraft der Ozeane zur Heilung und Linderung von Krankheiten wurde von den Chinesen schon vor 3.000 Jahren genutzt

Die Urkraft der Ozeane zur Heilung und Linderung von Krankheiten wurde von den Chinesen schon vor 3.000 Jahren genutzt. Besonders Schilddrüsenerkrankungen ließen sich gut behandeln, so in einem Manuskript von *Shein-Nung*, ca. 2.700 vor Christus zur Verordnung von Meeresalgen. *Hippokrates* empfahl zum besseren Wohlbefinden warme Meeresbäder, und auch Platon lobte die Wohltaten des Meeres. Der tiefsitzende Aberglauben in Europa verhinderte im Mittelalter die weitere Nutzung der Meeresalgen. Für viele Menschen war der Ozean unheimlich und bedrohlich.

Der englische Arzt *Richard Russel* erregte 1750 Aufsehen durch seine Linderung verschiedener Hautkrankheiten mit Hilfe von Algen. Mit dem raschen wissenschaftlichen Fortschritt im 19. Jahrhundert begann ein neuer Aufschwung in der Meerestherapie. 1811 wurde Jod entdeckt und ab 1850 konnte man sehr gute Therapieergebnisse bei Rachitis und Tuberkulose erzielen.

Als der Franzose *Dr. Louis Bagot* 1899 das erste Thalasso-Bad gründete, wurden überwiegend Gelenk- und Rheumakranke behandelt. Anfangs des 20. Jahrhunderts nahmen sich verstärkt Wissenschaftler und Universitäten der Algen- und Meeresforschung an. Die meisten wissenschaftlichen Arbeiten entstanden erst ab Ende der fünfziger Jahre. Seit 1990 sind weltweit sehr interessante Beiträge dazugekommen. Einige sehr bedeutende und zukunftsweisende wissenschaftliche Studien werde ich in diesem Buch noch vorstellen.

Der athenische Tragödiendichter *Euripedes* (480-406 v. Chr.) meinte überschwenglich: *»Das Meer reinigt uns von allen Krankheiten«*. Das ist sicherlich stark übertrieben, aber die Meerestherapie steht seit Jahrzehnten auf der Liste erfolgreicher Behandlungen. Das spiegelt sich auch in den Kurbädern an Nord- und Ostsee wieder. Der gesundheitsfördernde Einfluß einer Badekur – egal zu welcher Jahreszeit – ist unbestritten.

Immer wieder wird über erstaunliche Ergebnisse der Thalasso-Kraft berichtet: Depressionen verschwinden, die Haut wird samtweich, der Rücken entspannt sich, und meist sind so ganz nebenbei unerwünschte Pfunde gepurzelt. Luft und Meerwasser, Algenpackungen, Massagen und Bäder helfen, den Körper zu entschlacken, zu regenerieren und zu verjüngen. Die salzig-frische Meeresluft verstärkt die Abwehrkräfte und wirkt unterstützend bei Bronchitis, Asthma und Allergien.

Algenpackungen entschlacken, regenerieren und verjüngen den Körper

Die phantastischen Meeres-Heilkräfte kann man sich auch nach Hause holen. Warmes Salzwasser mit Algenextrakt ist die beste Naturtherapie für die sitzgeplagte Wirbelsäule. Im Salzwasser wiegt unser Körper nämlich nur ein Siebtel seines Gewichts. Die Wirbelsäule und Bandscheibe werden entlastet und die Gelenke geschont.

Die heilenden Meersalze regen die Durchblutung der Gelenke an und das fördert die Knorpelregeneration. Mineralstoffreiches Salz vom Toten Meer oder Sylter Badesalz gibt es fast überall zu kaufen. Rheuma, Arthritis und Arthrose werden gelindert. Der hohe Mineraliengehalt, zum Beispiel Magnesium, wirkt entzündungshemmend, Versteifungen lockern sich, und Schmerzen lassen spürbar nach.

Meereswasserinhalationen können Atemwegserkrankungen lindern

Ergänzend kann man durch eine Meerwasserinhalation die Atemwege perfekt befeuchten. Diese Inhalationen lösen zähen Schleim, härten ab gegen Erkältungen, und meist können chronisch Nebenhöhlengeplagte dank Salzluft besser atmen.

Die Thalasso-Therapie erfreut sich in unserer streßgeplagten Zeit zunehmender Beliebtheit. Sie ist eine natürliche Antwort zur Erhaltung der Funktionen des Bewegungsapparates und des Herz-Kreislauf-Systems. Die Hauptanwendungsgebiete sind Müdigkeit, Schlafstörungen, Schwäche, Knochen-, Gelenk- und Kreislaufbeschwerden, Ernährungs- und Stoffwechselprobleme.

Bevor die Aktiv- und Regenerationswoche der Thalasso-Kur beginnt, erfolgt ein »Check up« beim Badearzt und beim Physiotherapeuten. Grundsätzlich wird vor Trainingsbeginn die Konstitution und Belastbarkeit jedes Teilnehmers geprüft und dann ein individuelles Programm erstellt. Unterstützt wird das Wellness-Programm durch eine umfassende Beratung zur gesundheitsbewußten Ernährung.

Eine Kur-Woche ist meist nur der Anschub zum »Meer«-Wohlbefinden. Das Programm sollte dann über einen längeren Zeitraum – gut sind drei bis vier Monate – fortgesetzt werden.

Die Zellregeneration erfolgt langsam. Zum Beispiel erneuert sich die Haut alle vier Wochen; andere Körperorgane benötigen wesentlich länger. Es ist wie mit der Urlaubsbräune, nach vier Wochen hat sich der Zellaufbau erneuert, und die begehrte Bräune ist verblaßt.

Für die Kosmetik »von innen« haben sich daher Algenkapseln bewährt. Sie sind eine ideale und elegante Lösung: geschmacksneutral und sehr wirkungsvoll für den Körper. Einerseits werden dem Körper viele lebenswichtige Vitalstoffe zugeführt, und andererseits binden die Pflanzenstoffe im Darm gleichzeitig Gifte. Diese werden dann problemlos mit dem Stuhl ausgeschieden.

Für die Kosmetik »von innen« haben sich Algenkapseln bewährt

Meeresbraunalgen bauen Umweltgifte ab

Zur Ausscheidung von Umweltgiften hat sich besonders die Meeresbraunalge *»ascophyllum nodosum«* - ein Knotentang - bewährt. Das belegen zahlreiche wissenschaftliche Studien. Wie muß man sich diese Entgiftung vorstellen?

Mit dem Verzehr von Meeresgemüse oder auch Algenkapseln (nur reines Algenpulver ohne Zusatzstoffe!) kommt es zu einer Umverteilung der Speichergifte im Körper. Diese Methode ist vergleichbar mit einer Ionen-Austauscher-Reaktion (»Application of Alga Polysaccharides as in vivo Binders of Metal Pollutans«, *Y. Tanaka* et al. Montreal, Canada, 1971).

Das mit Meeresalgen bzw. Algenkapseln aufgenommene *Algin* (ein Pflanzenstoff der Alge) bleibt überwiegend im Magen-Darm-Trakt. Während der Passage werden die im Hydrokolloid (Gel) eingelagerten Nährstoffe abgegeben, die in gut lösbarer Form die Darmschleimhaut passieren können. Das Alginat bietet den im Darm befindlichen Schadstoffen Bindungsstellen an, umhüllt diese, und es entsteht ein fester Komplex (Makromoleküle). Dieser Komplex - mit den »eingefangenen« Schadstoff-Ionen - kann über die Darmschleimhaut nicht mehr aufgenommen werden und wird unschädlich ausgeschieden.

Jetzt ist die stabile Verteilung der Schadstoffe zwischen Darm, Blut und Fettgewebe gestört. Um das Gleichgewicht wieder herzustellen, werden andere im Fett- und Muskelgewebe sowie im Knochenmark befindliche Schadstoffe mobilisiert.

Mit dem Speichel und anderen Verdauungssäften gelangen weitere Umweltgifte in den Dünndarm

Mit dem Speichel (wir produzieren im Durchschnitt ca. 2 Liter Speichel pro Tag) und anderen Verdauungssäften (Magensaft, Galle, Bauchspeicheldrüse) gelangen weitere geringere Umweltgifte in den oberen Dünndarm. Sie werden dann zusammen mit den Nahrungsbestandteilen in den unteren Dünndarmabschnitten wieder in den Körper aufgenommen. Es liegt somit ein innerer Kreislauf vor. Durch den Verzehr von Algen wird dieser Kreislauf unterbrochen, und die vorhandenen Alginate helfen dem Körper, sich von den Giftstoffen zu befreien.

Entgiftungsmechanismus von Alginaten

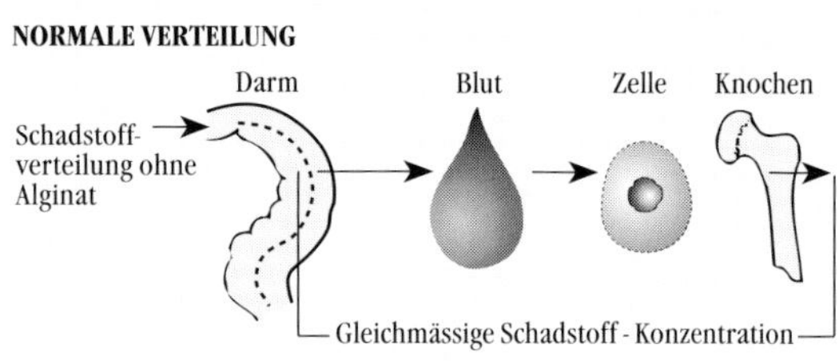

Schadstoffverteilung im Körper ohne Alginat

EINFLUSS VON ALGINATEN

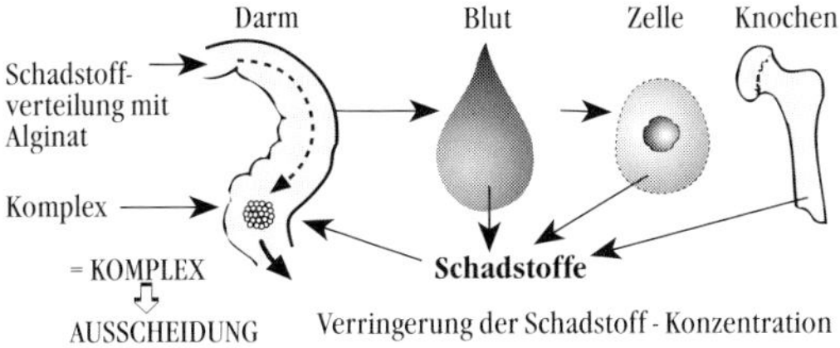

Schadstoffverteilung im Körper mit Alginat

Damit werden diese durch Umweltverschmutzung in den Körper gelangten Gifte aus den Körperzellen, insbesondere Niere und Leber, wieder entfernt. Unterstützend wirken über 80! weitere Elemente wie Mineralien, Spurenelemente, Aminosäuren und Vitamine bei der Körperreinigung mit. Gleichzeitig wird das Zellmilieu mit diesen vielen wichtigen Lebensbausteinen versorgt und aufgebaut.

Braunalgen-Pulver ist die unschädlichste, einfachste und natürlichste Nahrungsergänzung, um sich von Umwelt-Schadstoffen zu befreien

Pflanzliches Alginat ist in der Lage, große Mengen (ca. 30% des Eigengewichts) an Schwermetallen wie Blei, Cadmium, Quecksilber, radioaktive Isotope wie Caesium und Strontium zu binden und über den Darm auszuscheiden. Umfangreiche wissenschaftliche Untersuchungen bestätigen, daß Alginate als »Fänger« für viele Umwelt-Gifte verwendet werden können. Quantitativ bedeutsam kann dieser Entgiftungsprozeß aber nur bei regelmäßiger Einnahme über einen längeren Zeitraum (meist vier bis sechs Monate) werden. Braunalgen-Pulver ist somit eine unschädliche, einfache und natürliche Nahrungsergänzung, um den Menschen von Umwelt-Schadstoffen zu befreien.

Wichtige körpereigene Elemente - zum Beispiel zweiwertiges Eisen oder Zink - bleiben dem Körper erhalten. Wissenschaftler vermuten eine Art Affinitätsreihe als Ursache. Algenzucker tauschen bestimmte Metallionen leichter gegen Natriumteilchen aus als andere. Nicht die essentiellen zweiwertigen Metallionen werden daher gefangen, sondern nur die unerwünschten Schwermetallionen.

Der körpereigene Wasserhaushalt

Wasser ist das wichtigste Lebenselement für den Menschen

Der Mensch besteht zu siebzig Prozent aus Wasser. Ebenso unser Planet Erde. Wasser ist somit der wichtigste Stoff zum Leben für uns. Mit Harn, Stuhl und Schweiß scheiden wir täglich ca. zwei Liter Wasser aus, und diese Menge muß dem Körper jeden Tag wieder zugeführt werden. Alle Lebensprozesse sind am Wasser gebunden und deshalb: ohne Wasser kein Leben.

Mit dem Speichel, Magen-, Galle- und Darmsekreten produziert unser Körper im Durchschnitt innerhalb von 24 Stunden sieben Liter Wasser. Ein Großteil dieser Flüssigkeit wird über den Darm dem Körper wieder zugeführt. Mit der Nahrung und dem Trinken kommen noch einmal zwei Liter hinzu. Schadstoffe (u.a. auch Quecksilber), die sich in der Nahrung und im Blutkreislauf befinden, gelangen mit dem Speichel in den Magen-Darmtrakt. Ein Großteil verbleibt im Darm und kann sich in der Darmwand anreichern. Davon wird etwas über die Nieren wieder ausgeschieden. Der Rest zirkuliert im Blutkreislauf und kann sich dann in den Körperzellen anreichern.

Eine Entgiftung mit einer Fasten-Trinkkur ist kaum möglich. Die Wassermoleküle können zwar Schadstoffionen umhüllen und über die Nieren mit dem Harn ausschwemmen, jedoch nur zu einem ein sehr geringen Teil. Unsere Nieren reinigen über 180 Liter Flüssigkeit jeden Tag; nur zwei Liter werden ausgeschieden. Der Großteil bleibt im Körper, und auch die in den Körperzellen deponierten Schadstoffe bleiben davon unberührt, weil keine Schadstoffmobilisierung stattfindet. Diese Mobilisierung kann nun mit Hilfe von Meeresbraunalgen erfolgen. Das in den Algen enthaltene Alginat hat die Fähigkeit, Schadstoffe im Darm abzufangen (Ionen-Austauscher-Effekt). Es entstehen Makromoleküle, die aufgrund ihrer Größe nicht mehr die Darmschleimhaut passieren können. Die »eingefangenen« Schadstoffe werden dann mit dem Stuhl ausgeschieden, und über diesen Weg entgiftet und entschlackt sich der Körper peu à peu (siehe Grafik).

Das in Algen enthaltene Alginat hat die Fähigkeit, Schadstoffe im Darm abzufangen

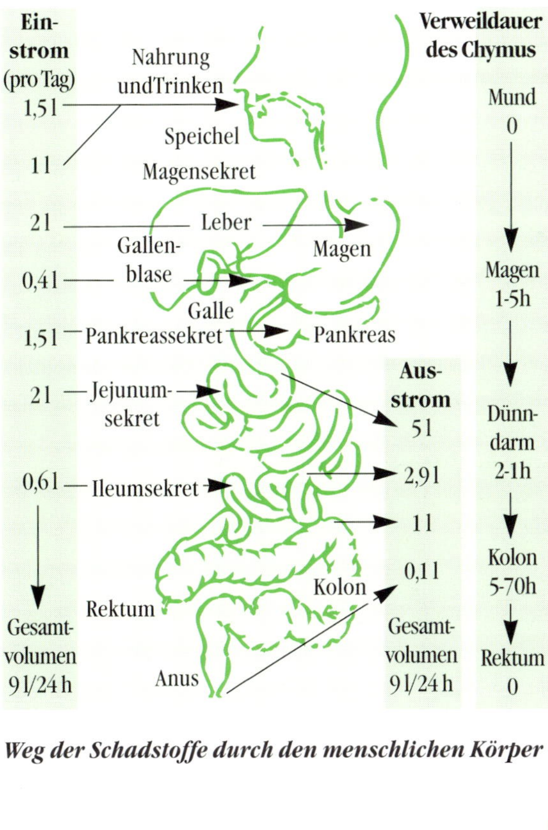

Weg der Schadstoffe durch den menschlichen Körper

Algenkapsel gleich Algenkapsel?

Achten Sie beim Kauf von Algen auf Qualität, denn Algenkapsel ist nicht gleich Algenkapsel.

Meeresalgen werden in einem Kälteverfahren konzentriert

Wenn Meeresalgen nur durch Erhitzen getrocknet und zu Pulver weiterverarbeitet werden, dann sind sie für uns Menschen nur bedingt nutzbar. Der Pflanzenstoff ist so holzig wie Zellulose und kann im Magen-Darm-Trakt nicht aufgeschlossen werden. Uns fehlt die Zellulase, ein Schlüssel-Enzym, und bestimmte Darmbakterien, die die pflanzliche Zellstruktur aufschließen. Erst dann können die lebenswichtigen Elemente wie zum Beispiel Mineralien, Spurenelemente, Aminosäuren und Vitamine vom Körper aufgenommen werden.

Um die wertvollen Inhaltsstoffe - wie bei frisch geernteten Meeresalgen - dem menschlichen Körper optimal zuzuführen, müssen die Zellwände aufgeschlossen werden.

Der Schlüssel zur Aufschließung der pflanzlichen Zellwände erfolgt durch ein gefriergetrocknetes Verfahren. Den Meeresalgen wird das Wasser entzogen, und sie werden anschließend mikrofein zu Pulver zerkleinert. Chemische Lösemittel werden dabei nicht verwendet. Durch dieses aufwendige und schonende Verfahren werden die wertvollen Wirkstoffe in ihrer natürlichen Zusammensetzung konzentriert und erhalten.

5. Autoimmunerkrankungen durch Schwermetalle

Schwermetallionen können Autoimmunreaktionen auslösen und gelten als mögliche Auslöser von Allergien, Hauterkrankungen und vielen anderen diffusen Krankheitsbildern.

Der Immunologe und Nobelpreis-Träger *Paul Ehrlich* (1854-1915) erkannte, daß eine entfesselte Immunabwehr schwere Gewebsschäden im Wirtsorganismus auslösen kann. Er bezeichnete dieses Phänomen als *»horror autotoxicus«*.

In seiner veröffentlichen Arbeit »Metal ion induced autoimmunity, Current opinion in Immunology 1995, 7: 831-838« stellte *Prof. Ernst Gleichmann*, Universität Düsseldorf, fest: *»Zwar stammen die meisten Daten zur metallverursachten Autoimmunität aus Tierversuchen, aber die Ergebnisse lassen keinen Zweifel daran, daß Schwermetallionen autoreaktive T- und B-Zellen aktivieren können. Inwieweit dies auch für menschliche Autoimmunerkrankungen relevant ist, läßt sich derzeit jedoch nur schwer beurteilen«.*

Die Giftigkeit von Amalgam wurde bisher weit unterschätzt

Schwermetalle verhalten sich in jedem Gewebe anders. Das ist der Hauptgrund für die überhitzte Diskussion, ob die Dentallegierung Amalgam gesundheitsschädlich ist oder nicht.

Es gibt inzwischen weltweit tausende von Berichten, daß das freigesetzte Quecksilber den Körper krank machen kann. Die Giftigkeit von Amalgam wurde bisher weit unterschätzt. Die tatsächliche Quecksilberbelastung von Personen mit Amalgamfüllungen ist vier bis sechs Mal höher als die Richtwerte des Bundesgesundheitsamtes. Zu diesem Ergebnis kommt die Auswertung eines Speicheltests. Diese Studie wurde an der Universität Tübingen durchgeführt und 1996 veröffentlicht. Bei der Testauswertung ergaben sich Quecksilber-Spitzenwerte bis zu 600 Mikrogramm/Liter. Diese überschritten damit hundertfach den vorgegebenen Wert des Bundesgesundheitsamtes. Fast ein Drittel der Testpersonen (28%) übertraf sogar den Grenzwert der Weltgesundheitsorganisation für die tägliche Quecksilberaufnahme.

Besondere Risiken ergeben sich für schwangere Frauen, da Quecksilber das Ungeborene schädigt

Besondere Risiken ergeben sich für schwangere Frauen, da Quecksilber das Ungeborene schädigt. Eine Vergiftung äußert sich bei Säuglingen in Form von Allergien und kann sogar zu schweren Nervenstörungen führen.

Besonders groß ist auch das Risiko für die Zahnärzte und Zahnarzthelferinnen. Durch die in fast allen Praxen vorhandenen Formaldehyddämpfe wird die Giftwirkung aus Desinfektionsmitteln potenziert.

»Amalgam schädigt nach wenigen Jahren den Zahnhalteapparat irreversibel. Die antibiotische Wirkung des Amalgams führt nach einiger Zeit zur lokalen Züchtung von resistenten hochgefährlichen Bakterien und von Pilzen an der Wurzelspitze des amalgamgefüllten Zahns und seiner Nachbarn. Amalgam wird nach und nach außer im Gehirn auch in vielen anderen Organen deponiert. Das führt zu einer allmählichen Empfindlichkeit gegen Chemikalien bis zur allgemeinen Chemikalienunverträglichkeit mit generalisierter Allergie ...« Max Daunderer: »Gifte im Alltag«, Verlag C. H. Beck.

Meist klagen die Patienten über verschiedene Befindlichkeitsstörungen, und ein klares Krankheitsbild ist nicht auszumachen. Diese unspezifischen Symptome wie Migräne, Kopfschmerz, Schwindel, Allergien oder allgemeine nervöse Störungen bleiben oft unbehandelt. Im Laufe der Zeit verschlechtert sich der Gesundheitszustand von Jahr zu Jahr, und die Patienten haben nach einigen Jahren eine »Arzt-Karriere« hinter sich.

Symptome bei Metall-Allergien

- Müdigkeit
- Antriebsschwäche
- Allergien
- Schwindel
- Ekzeme
- Kopfschmerzen
- Migräne
- Rheumatisches Ziehen
- Poly-Neuropathien

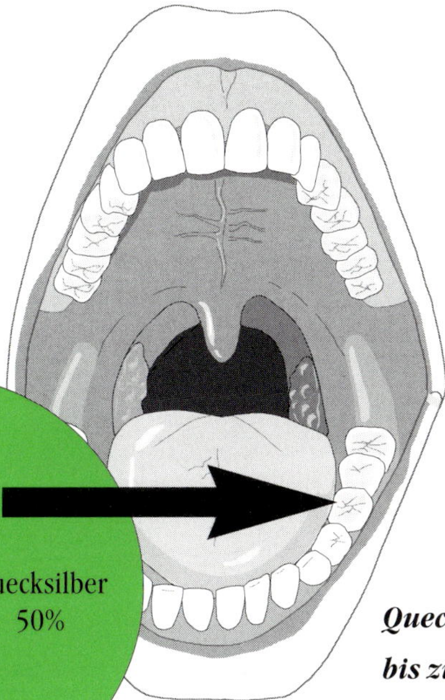

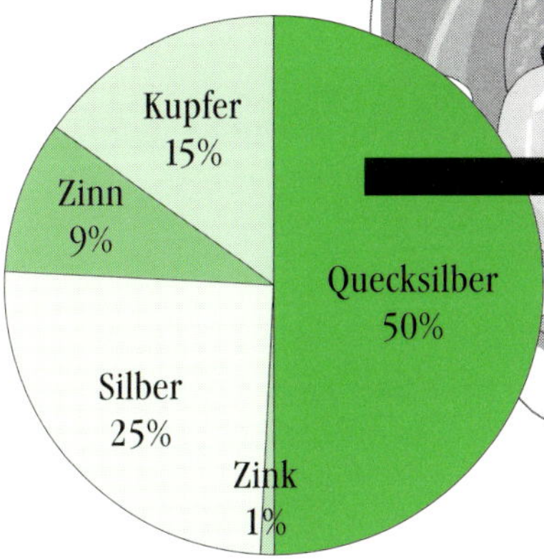

Quecksilber hält sich bis zu 18 Jahre im Gehirn. Durchschnittliche Aufnahme pro Tag: 2 Mikrogramm

Woraus besteht Amalgam?

Umstrittenes Amalgam. 17.500 für eine Studie ausgewertete Speicheltest deuten auf einen Zusammenhang zwischen Amalgamfüllungen in den Zähnen und bestimmten Gesundheitsproblemen hin. Die Auswirkungen des Amalgam-Bestandteiles Quecksilber sind in der Wissenschaft nach wie vor umstritten.

Je höher der Anteil des organischen Quecksilbers ist, desto schwerere irreversible Vergiftungssymptome treten auf

Quecksilber im Körper ➠	Das Schwermetall tritt aus dem Amalgam aus, löst sich im Speichel oder verdunstet im Mund.
Gasförmiges Quecksilber ➠	Gelangt über die Lunge in Hirn- und Rückenmark. Gelangt über die Lunge in den Blutkreislauf
Flüssiges Quecksilber ➠	Gelangt mit dem Speichel in Magen und Darm. 10% werden vom Körper aufgenommen, 90% verbleiben im Darm, können sich in der Darmwand anreichern

Wie gelangen Schwermetalle in den Körper?

Toxikologie + Toxikokinetik von Quecksilber

➠ Metallisches Quecksilber

Amalgam = Dentallegierung: Quecksilber, Zinn, Silber, Kupfer und Zink

Aufnahme über die Lunge als Dampf (80%), ist sehr lipophil (fettlöslich), gute Penetration ins Zentralnervensystem (ZNS) (allgemeine nervöse Störungen, Befindlichkeitsstörungen, Gedächtnisstörungen), Neurotoxität, in Zelle Oxidation zu Quecksilber II-Salzen. Bei Amalgamvergiftungen entstehen in etwa 90% der Fälle um reversible Organschäden (Quelle: *Dr. med. Max Daunderer* »Gifte im Alltag«).

➠ Organo-Quecksilberverbindungen

Hauptzufuhr in der Nahrung, sehr lipophil, schnelle Verteilung im Organismus einschl. ZNS, langsame Umwandlung in allen Geweben zu Hg_2 +, sehr gute Ausleitung mit

Alginaten wegen enterohepatischer Kreislauf, Umwandlung im Darm zu Hg.
Je höher der Anteil des organischen Quecksilbers ist, desto schwerere irreversible Vergiftungssymptome treten auf. Ferner ist das Ausmaß der Schädigung abhängig vom allgemeinen körperlichen Zustand (Niere, Leber, Alter sowie eventuellen Grund- und Begleiterkrankungen).

- Quecksilber II-Salze
  Aufnahme im Magen-Darm-Trakt bei Erwachsenen bis zu 20% und besonders bei Kindern bis zu 50%! Anreicherung im Gewebe und besonders in der Niere. Bindet an SH-Gruppen, z.B. Enzyme - Toxität, Halbwertzeit ca. 2 Monate. Poly-Neuropathien.

Bei einer akuten Quecksilber-Vergiftung ist die medikamentöse Entgiftung wichtig

Bei einer akuten Quecksilber-Vergiftung ist die medikamentöse Entgiftung wichtig. Zum Beispiel mit *Dimava*l (Dimercapto-l-Propansulfonsäure, DMPS).

Allerdings ist immer zu bedenken, daß die Nieren bereits durch die höhere Quecksilber-Anreicherung bereits stärker belastet sind. *Dimaval* bindet Quecksilber und wird über die Niere ausgeschieden.

Deshalb: Bedenken Sie das Nutzen-Risiko-Verhältnis. Bei eingeschränkter Nierenfunktion ist Vorsicht geboten.

Zur Vorbeugung bzw. zur Adjuvans-Therapie kann verstärkt eine Ausleitung mit Alginaten über den Darm erreicht werden (weit über 70%!). Dadurch werden die Nieren deutlich weniger belastet.

Erfahrungen von Patienten mit Meeresalgen

Mir liegen verschiedene Berichte von Patienten vor. Unter anderem von Frau *K.* aus Lübeck. Im Februar 1997 berichtete sie:

»Mir ging es vier Jahre gesundheitlich sehr schlecht. Ich hatte plötzlich starke Depressionen, nahm immer mehr an Gewicht zu, hatte Hautausschläge und zu guter Letzt fand ich mich im März 1996 in der Hautklinik der Universität Kiel wieder, da ich plötzlich aus heiterem Himmel Ekzeme am ganzen Körper bekam.

»Zur Unterstützung der Schwermetallausscheidung empfahl mir mein Zahnarzt Meeresbraun-Algen-Kapseln«

Mittlerweile hatte ich eine unwahrscheinliche Arzt-Odyssee hinter mir. Keiner konnte mir helfen. Ich war so verzweifelt, daß ich, obwohl früher immer lebenslustig, schon daran dachte, wenn sich dieser Zustand nicht ändert, nicht mehr länger leben zu wollen. Wie schrecklich.

Meine Heilpraktikerin meinte, ich müsse mir unbedingt die Amalgamplomben entfernen und nachsehen lassen, ob sich unter meinen beiden achtzehnjährigen Goldbrücken auch noch Amalgam befindet.

Die Amalgamplomben wurden entfernt und tatsächlich befand sich auch Amalgam unter den Goldbrücken! Zur Unterstützung der Schwermetallausscheidung empfahl mir mein Zahnarzt Meeresbraunalgen-Kapseln. Und es ist ein Wunder geschehen, denn anders kann man es nicht ausdrücken.

Ich fühle mich wie neugeboren. Ich habe 16 Kilo abgenommen, fühle mich fröhlich und bin wieder lebenslustig. Ich habe keine Hautprobleme mehr usw.

In meinem Freundes- und Bekanntenkreis empfehle ich die Algen-Kapseln. Ich hoffe, daß sich die durchweg positive Wirkung weiter herumspricht und vielen Leuten, die einen Arztbesuch nach dem anderen hinter sich haben und nicht gesunden, endlich die Augen geöffnet werden«.

Frau B. R.-T. aus Hamburg, sie arbeitet in einer Zahnarztpraxis, schreibt zum gleichen Thema:

»Ich selbst nehme die Algenkapseln seit 1½ Jahren kontinuierlich. Meine Widerstandsfähigkeit ist wesentlich besser geworden, und ich bin ohne eine (zumindest bisher) dicke Erkältungskrankheit über den Winter gekommen.

Die Patienten, denen wir die Algenkapseln empfohlen haben, sprechen ebenfalls von einem besseren Wohlbefinden, besonders im Darmbereich haben sich bei allen die Probleme vermindert.

Nachtests haben ergeben, daß sich eine Schwermetallbelastung durch Amalgam (Kupfer-, Silber- und Non-gamma 2-Amalgam) teilweise nach drei, spätestens nach sechs Monaten nicht mehr nachweisen ließ«.

»Meine Widerstandsfähigkeit ist wesentlich besser geworden, und ich bin ohne eine dicke Erkältungskrankheit über den Winter gekommen«

Aus den zahlreichen Zuschriften zu diesem unerschöpflichen Thema ein weiterer Bericht von *Frau G. R.* aus Ludwigsburg:

»Halbjährlich plagte mich mein Zahnarzt mit schmerzlichen Zahnsteinentfernungen bis in die Zahnhalstaschen. Im Januar 1996 war ich wieder dort, so gut wie kein Zahnstein! Festes, entzündungsfreies Zahnfleisch! Mein Zahn-

arzt war total verwundert und fand es signifikant und wollte wissen, was ich bei meiner Zahnpflege verändert habe? Es können nur die Meeresbraun-Algenkapseln sein, sagte ich.

Außerdem bemerkte ich, daß meine chronische Bronchitis wie weggeblasen war, und ich keinen Haarausfall mehr hatte. Meine Friseurin entdeckte bei mir viele neue Härchen. Ist doch toll«!

Zahlreiche ähnliche Berichte von Frauen und Männern liegen vor. Diese subjektiven Berichte werden von der Wissenschaft immer kritisch gesehen. Das ist verständlich, weil Gefühle und psychologische Einflüsse meist beteiligt sind. Trotzdem sind persönliche Erfahrungen mit Naturmitteln immer wertvoll für andere Patienten.

Die Naturwissenschaften beschäftigen sich seit über 30 Jahren mit Meeresalgen

Die internationale Wissenschaft hat sich in den letzten 30 Jahren sehr intensiv mit Meeresalgen beschäftigt. Neben den anglo-amerikanischen Universitäten, wurde auch an der Universität von Brest, Frankreich, sehr intensiv geforscht. Das kommt nicht von ungefähr, denn an der bretonischen Küste liegen umfangreiche Algenfelder vor der Haustür.

In der Fachzeitschrift »La Lettre Phytothérapique, Nr. 14, Oktober-November 1989« (Bibliothek Universität Brest) erschien ein umfangreicher Artikel über Meeresalgen. *Madame Valerie Merret,* selbst in Brest zuhause, hat Auszüge aus diesem Artikel ins Deutsche übersetzt und für das Buch zur Verfügung gestellt. Dafür meinen herzlichsten Dank an *Madame V. Merret.*

6. Meeresalgen: Heilmittel und Nahrung für die Gesundheit*

Viele Algen sind pharmakologisch aktiv und werden von der Allgemeinmedizin eingesetzt, und einige werden selbst in Arzneibüchern erwähnt. Algen und ihre Extrakte werden im Bereich der Schleimhäute, als Abführmittel und bei der Behandlung von Patienten mit Übergewicht gegeben. Sie werden auch gern zur Nahrungsergänzung bei einseitiger Ernährung empfohlen sowie bei diffusen Befindlichkeitsstörungen, Rekonvaleszenz, Appetitlosigkeit, Magersucht und Wachstumsstörungen.

Algen und ihre Extrakte werden im Bereich der Schleimhäute, als Abführmittel und bei der Behandlung von Patienten mit Übergewicht gegeben

Gesundheitsfördende Eigenschaften von Meeresalgen:

Bluthochdruck

Einige Algenarten, besonders Braunalgen, haben eine vorbeugend blutdrucksenkende Wirkung. Bekannt ist, daß diese Algen den arteriellen Druck reduzieren können, ohne den Herzrhythmus zu verändern. Sie entspannen demzufolge die arterielle Muskulatur, intestinal und tracheal, indem die Wirkung von Acetylcholin und Histamin blockiert wird.

Es wurde nachgewiesen, daß die orale Verabreichung von Algen bei Ratten die Ausscheidung von Natrium im Harn verbessert. Dadurch wurde der Blutdruck gesenkt. Außerdem kann durch Algen die Assimilation von Mineralien oder bestimmten Oligo-Elementen begünstigt und dem Bluthochdruck und Schlaganfall vorgebeugt werden.

**Zusammenfassende Übersetzung von Valèrie Merret: Auszüge aus einem Ergänzungsartikel der Fachzeitschrift »La Lettre Phytothérapique, Nr. 14«, Oktober-November 1989*

Cholesterin

Eine Nahrungsergänzung mit Meeresalgen führt zur Senkung des Cholesterins. Der Blutfettgehalt wird deutlich reduziert, und das wirkt vorbeugend bei der Entstehung einer Arteriosklerose (Kamèda, 1961).

Tests bei Ratten zeigten eine Steigerung von Cholesterin in den Exkrementen. Der regelmäßige Verzehr von Algen begrenzte die kardio-vaskulären Risiken auch bei Patienten, bei denen sich bereits eine Arteriosklerose manifestierte.

Eine Nahrungsergänzung mit Meeresalgen führt zur Senkung des Cholesterins

Übergewicht

Übergewicht entsteht meist durch ein Mißverhältnis von Nahrungszufuhr und -verbrauch oder einer endogenen Störung (neuro-psychische Hormonstörung). Der Verzehr von Algen kann einen Teil dieser Faktoren korrigieren.

Meeresalgen sind eine natürliche Quelle für Jod und regulieren somit einen möglichen Jodmangel in der Schilddrüse. Biologisch mineralisiertes Jod wird der Schilddrüse zugeführt, und dadurch werden mehr Schilddrüsenhormone im Körper synthetisiert. Die Schilddrüsenhormone *L-Trijodthyronin* und *L-Thyroxin* steuern den Sauerstoffverbrauch und die Wärmeproduktion und stimulieren somit den Stoffwechselprozeß. Das kann zu Gewichtsverlust führen. Außerdem mildern Algen das Hungergefühl.

Jodmangel

Durch Jodmangel in der Schilddrüse kann ein Kropf entstehen, in Europa oft zu beobachten bei jungen Frauen und Kindern. Zur Kropf-Behandlung werden wegen des hochwertigen Jodgehalts gern Braunalgen (Pulver, Tee, Algenkapseln) gegeben. Außerdem ist das enthaltene Jod biologisch gebunden und somit für den Körper besser zu verarbeiten.

Wunden

Natriumalginat stimuliert die Blutgerinnungsfaktoren *in situ.* Angewendet auf chirurgischen Nähten bildet Natriumalginat ein Gel und stoppt das Bluten. Es wird anschließend vom Gewebe komplett resorbiert.

Schleimhäute

Meeresalgen sind eine natürliche Quelle für Jod

Alginsäuren aus Braunalgen werden bei der Behandlung von Darmstörungen wegen ihrer Schutzwirkung der Magen- und Darmschleimhaut angewendet.

Magen-Darmgeschwüre

Algen haben die Fähigkeit, vorbeugend gegen Magengeschwüre zu wirken. Sie beeinflussen weder den pH-Wert im Magen noch das Säure-Basen-Gleichgewicht. Sie sind bis zu einem pH-Wert von 2,5 wirksam, also beim pH-Wert eines gesundes Magens oder auch bei Patienten, die Mittel gegen Übersäuerung des Magens einnehmen.

Der Schutzeffekt entsteht im Magen-Darmtrakt durch einen physikalischen Prozeß, zu dem die Wirkung der Pepsinunterdrückung kommt, was gleichzeitig entzündungshemmend wirkt.

Die Polysaccharide bieten einen Schutz für die Darmwand, wobei sie sich mit den Mukuproteinen der Magenschleimhaut verbinden und somit eine widerstandsfähigere membrane Struktur bilden.

Durchfall

Braunalgen können die Darmflora positiv beeinflussen und den Stuhl normalisieren. Der Pflanzenschleim (Alginat) beseitigt auch bestimmte Durchfälle.

Schadstoffbelastung

Braunalgen können die Darmflora positiv beeinflussen und den Stuhl normalisieren

Pflanzliche Alginate können der Verseuchung durch radioaktive Substanzen (z.B. Strontium 90) und Krankheiten durch Umweltgifte wie bestimmte Schwermetalle vorbeugen, gegebenenfalls abbauen und heilen. Alginate behindern die Darmabsorption von radioaktivem Strontium, ohne die Absorption von Calcium zu stören.

Der Einsatz von Polysacchariden, wie in den Algen enthalten, wird auch als Vorbeugung bei Schwermetallvergiftungen empfohlen. Tests in Japan haben nachgewiesen, daß bei Überdosierung von Barium, Cadmium und Zink Ratten die Vergiftung überlebten, wenn sie gleichzeitig mit Algen ernährt wurden.

Viren

Antivirale Wirkungen werden teilweise durch sulfatierte Polysaccharide hervorgerufen. Braunalgen verhinderten die Verbreitung der Virusgrippe (Influenza B) und die von Mumps bei Hühnerembryonen. Die Algensubstanzen setzen sich an die Stelle der Virusinfektion und verbinden sich mit

Teilen des Virus. Der Prozeß verhindert die Virusabsorption auf der Wirtszelle durch das sulfatierte Poly-Anion. Somit verbinden sich in dieser Zelle die negativen Ladungen des sulfatierten Moleküls mit den positiven viralen oder zellularen Ladungen. Sie bilden ein sterisches Gen, um die Viruszelle zu absorbieren, in dem die Gruppen mit positiver Ladung in der Höhe der Rezeptoren zu finden sind oder an den Rezeptoren selbst.

Aufgrund ihres Wirkmechanismus spielen diese Substanzen hauptsächlich eine vorbeugende Rolle, indem sie die Kontaminierung von gesunden Zellen behindern. Bei Herpes simplex kann man sie auch anwenden und/oder beim Einsatz von antiviralen Arzneimitteln die Dosis reduzieren und folglich auch deren toxische Nebenwirkungen.

Hämorrhoiden

Algensubstanzen wirken als Schutz für die Darmschleimhaut, schmieren sie, fördern einen weichen Stuhl und wirken entzündungshemmend.

Diäten

Algen erzielen auch bei Mineralmangel einen positiven Effekt

Die quantitative und qualitative Vielfalt an Oligo-Elementen in den Meeresalgen beweist ihre herausragende Fähigkeit, Spurenelemente aus dem Meer zu konzentrieren. Der Konzentrationsfaktor variiert von 10 bis 1.000 für Elemente, die in höheren Konzentrationen im Meer vorhanden sind und 1.000 bis 250.000 für Elemente in geringer Konzentration. Diese Anreicherung zeigt sich besonders in den Elementen Eisen, Jod, Mangan und Bor.

Algen werden im Bereich der Diät als Nahrungsergänzung in Kapseln oder Tabletten in den Handel gebracht. Sie werden auch zum Ausgleich bei Mineralmangel gegeben. Die tägliche Einnahme von hochwertigen Algen (zum Beispiel Meeresbraunalge *»ascophyllum nodosum«*) kann den Bedarf eines Erwachsenen an Kalzium und Jod, fast 80% an Eisen und mehr als 20% an Magnesium decken. Das enthaltene Karbonat wirkt gegen Übersäuerung des Magens und ist somit ein Heilmittel gegen Sodbrennen.

Chirurgische Anwendungen

Kalkalgen eignen sich sogar als Implantate bei Knochentransplantationen

Neu sind die Entwicklungen von Kalkalgen - im Bereich der Biomedizin - mit ihrer Nutzung als biologische Implantate bei Transplantationen von Knochen.

Tests bei Tieren haben gute Gefäßbildungen in den Transplantaten und eine Reduzierung des Abstoßens nachgewiesen. Die Überlegenheit der »Algenbiokeramik« läßt interessante Entwicklungen im Bereich der plastischen Chirurgie für Kiefer, Gesicht und Zähne vermuten.

7. Giftdeponie Mensch

Die Schadstoffkonzentration im Körper eines jeden von uns hat in den letzten Jahrzehnten deutlich zugenommen. Weil der Mensch meist am Ende der Nahrungskette steht, sammeln sich auch am meisten Schadstoffe in seinem Körper an. Es gibt weit über hunderttausend chemische Verbindungen, über deren toxische Wirkung bis heute wenig bekannt ist. Spuren von DDT – seit 1972 in Deutschland verboten – sind immer noch in der Milch nachzuweisen. Die US-Behörde »Chemical Abstracts Service« aus Columbus, USA, registriert rund 13 Millionen verschiedene künstliche Substanzen, und es kommen immer neue hinzu. Ein Großteil nimmt der Mensch mit der täglichen Nahrung und Luft auf.

Der Mensch am Ende der Nahrungskette akkumuliert die Schadstoffe aus der Umwelt in seinem Körper

Chemikalien in der Umwelt beeinträchtigen auch nach Ansicht der Umweltstiftung WWF (World Wildlife Fund) zunehmend den Hormonhaushalt von Menschen und Tieren.

Die Giftstoffe hätten möglicherweise auch Auswirkungen auf Verhalten, Widerstandsfähigkeit, Intelligenz und Fortpflanzungsfähigkeit, heißt es in in einer Untersuchung von WWF-Forscherin *Theodora Colborn.* Im Körper jedes Menschen seien rund fünfhundert (500) Substanzen nachweisbar, die bis in die 20er Jahre dieses Jahrhunderts dort nicht vorhanden waren.

Durch eine bewußte Ernährung kann die Belastung verringert werden. Das Bundesgesundheitsamt hat schon 1990 Richtwerte für Schadstoffe in Lebensmitteln festgesetzt, um die Verbraucher zu schützen. Es gab jedoch im Laufe der Jahre immer wieder Änderungen. Für saisonale Produkte wie zum Beispiel Obst und Gemüse und allgemeine Delikatessen wie Krusten-, Schalen- und Weichtiere wurden die Richtwerte angehoben. Auch für Fleisch haben *»...die Richtwerte zur Zeit bis auf Blei- und Cadmiumwerte keinen gesetzlich bindenden, sondern einen administrativen, orientierenden*

Charakter«, so das Bundesgesundheitsamt (Gesundheitsblatt 1990, 224, C 15 b).

Industriegifte sind immer häufiger der Grund dafür, daß sich Menschen schlapp und müde fühlen und wegen diffuser Beschwerden den Arzt aufsuchen. Man schätzt, daß allein drei Millionen Deutsche an Neurodermitits leiden. Es ist nicht der einzelne Schadstoff, sondern meist die unkontrollierte Mixtur, die dem Organismus zu schaffen machen kann. Wie schon erwähnt, speichert sich die Giftfracht in den Körperzellen, und die körpereigenen Entgiftungsmechanismen sind erschöpft. Umweltmediziner schätzen, daß allein die Nahrungsmittelallergene aus über einhundert verschiedenen Grundsubstanzen bestehen. Hinzu kommen noch andere Allergengruppen, wie Kosmetika, Farben und Lacke.

Industriegifte sind immer häufiger der Grund dafür, daß sich Menschen schlapp und müde fühlen und wegen diffuser Beschwerden den Arzt aufsuchen

Die Menge macht das Gift

Was ist ein Schadstoff? Im Prinzip kann alles ein Schadstoff sein. Beispiel Salz: Ohne Salz kein Leben. Andererseits kann ein »gesalzenes Leben«, wie bekannt, zu Bluthochdruck führen. Wir brauchen zwar das Mineral Natrium, aber nur in der ausgewogenen Mischung mit Kalium, Kalzium und Magnesium. Diese Mineralien, besonders Kalium und Natrium, sind wichtige Elektrolyte. Aus Angst, mit dem Essen davon nicht genug zu kriegen, schlucken viele Menschen Pillen – doch das kann krank machen. Wenn wir diese Substanzen getrennt in uns hineinschütten, gibt es Probleme. Ein Zuviel an Calcium kann zum Beispiel zu Durchfall führen.

Ein weiteres Beispiel ist das Spurenelement Selen. Es schützt die Zelle und stärkt das Immunsystem. Wird davon zuviel genommen, kann es zu erheblichen Nebenwirkungen führen.

Bei einer Überdosis kommt es zu Erbrechen, Durchfällen, Krämpfen, Herzbeschwerden und Haarausfall.

Es kommt also auf die richtige Dosis und Mischung an. Dieser fein dosierte Cocktail an Mineralstoffen und Spurenelementen ist für das Funktionieren eines jeden Organismus notwendig.

Ein fein dosierter Cocktail an Mineralstoffen und Spurenelementen ist für das Funktionieren eines jeden Organismus notwendig

Das komplizierte Wechselspiel ist von der Wissenschaft noch nicht hundertprozentig erforscht, jedoch weiß man, daß diese lebenswichtigen Bausteine Zündstoffe für viele chemische Reaktionen sind. Erst dadurch werden Knochen und Zahnsubstanz gebildet und Enzyme bei Stoffwechselvorgängen unterstützt. Aber auch die Reizleitungen der Nerven werden damit versorgt, die Durchlässigkeit von Zellwänden gesteuert und der Säuregehalt und Druck im Gewebe geregelt.

Eine ganze Reihe von Spurenelementen sind lange gar nicht beachtet worden, doch heute weiß man, wie lebenswichtig sie sind. Zur Aktivierung von Enzymen sind unter anderem winzige Spuren von Chrom, Kobalt, Nickel und Mangan wichtig. Kupfer ist ein wichtiger Bestandteil für die Mobilisierung von Eisen bei der Energiegewinnung, beim Aufbau des Bindegewebes, beim Schutz der Zellmembran vor freien Radikalen, bei der Pigmentierung von Haut und Haaren und bei der Bildung von neurologisch wirksamen Substanzen.

Winzige mikrofeine Spuren von Aluminium sind auch in Meeresalgen und in allen anderen pflanzlichen Nahrungsmitteln enthalten. Diese Mini-Menge wirkt adstringierend und desinfizierend und wird über die Niere vollständig wieder ausgeschieden. Hier wird also gleichzeitig ein wichtiger Zweck erfüllt. Es wird daher auch in der Pharmazie als Antazida, Gurgelmittel mit Alumiumchlorat und essigsaurer Tonerde eingesetzt.

Durch die vermehrte industrielle Herstellung von Aluminium für Alufolien, Dosen, Koch- und Trinkgefäße, Holzschutzmittel, Baustoffe usw. können sich größere Mengen in den Organen ablagern. Dies kann sich dann wiederum negativ auf das körperliche Befinden auswirken. Da Aluminium ein dreiwertiges Metall ist, kann es leicht vom Alginat der Meeresbraunalge »abgefangen« und über den Stuhl wieder unschädlich ausgeschieden werden. Denn wie schon bekannt, können die Alginate sehr gut die dreiwertigen Metalle binden. Die lebenswichtigen zweiwertigen Metalle, wie zum Beispiel auch körpereigenes Eisen oder Zink, bleiben davon unberührt.

Da alle Elemente immer nur vernetzt wirken, ist eine vielseitige ausgewogene Mischkost die richtige Ernährung

Da alle Elemente immer nur vernetzt wirken, ist eine vielseitige ausgewogene Mischkost die richtige Ernährung.* Ergänzend ist aufgrund des Nährstoffreichtums Meeresgemüse zu empfehlen, weil damit Mängel sehr gut ausgeglichen werden können und der Körper gleichzeitig entgiftet wird.

Pflanzlich gebundene Nährstoffe sind immer den industriell hergestellten vorzuziehen, weil diese über die Darmschleimhaut dem Körper sofort zugeführt werden können (ähnlich wie beim Traubenzucker).

Der Mensch als offenes System

Alles in und um uns herum ist miteinander vernetzt. Der Mensch ist ein offenes System, und nichts darf man isoliert betrachten. Leider wird das in der Medizin nur von wenigen so gesehen. Die körpereigenen Kräfte müssen bei einer Ganzheitsbetrachtung immer mit einbezogen werden. Denn jeder von uns hat eine körpereigene Apotheke, die viele verschie-

** Literaturtip: Harvey und Marilyn Diamond, »Fit fürs Leben, Teil 1+2«, Waldthausen Verlag, Ritterhude.*

dene Stoffe wie zum Beispiel Insulin, Kortison, Hormone, schmerzstillende Substanzen und viele andere produziert. Bedingt durch einen jahrmillionen evolutionären Prozeß wirken sie dann auch dort, wo sie gebraucht werden.

Wir brauchen uns darüber keine weiteren Gedanken zu machen, wie und warum dieses phänomenale Informationssystem funktioniert. Es reicht meistens aus zu wissen, wie wir die vorhandenen Kräfte aktivieren. Eine Selbstregulierung zur Stärkung und Gesundung wird dann in Gang gesetzt. Mit dem Verzehr von Meeresgemüse oder auch Algenkapseln kann diese Fähigkeit unspezifisch unterstützt werden. Allerdings wird eine Besserung meist erst nach drei bis vier Wochen erreicht. Zur Zellerneuerung braucht der Körper eben Zeit.

Im Leben ist alles miteinander vernetzt

Viele sind ungeduldig und greifen schnell zu spezifisch wirksamen Medikamenten. Das ist oft bei Erkältungskrankheiten, Kopfschmerzen und allergischen Symptomen der Fall. Nebenwirkungen werden dann in Kauf genommen, die unter Umständen wiederum die Lebensqualität einschränken können. Es muß daher das Ziel sein, die vorbeugenden und heilenden Kräfte verschiedener Lebensmittel - unter anderen auch von Meeresalgen - bekannter zu machen.

Im Leben ist alles miteinander vernetzt. Die folgende Grafik zeigt die natürliche Vernetzung verschiedener Vitamine mit Mineralien und Spurenelementen. Sie brauchen einander, um für den Körper eine optimale Körperverfügbarkeit zu erreichen.

Nur durch das natürliche Zusammenwirken aller Elemente kann Ihre Zelle eine optimale Leistung bringen

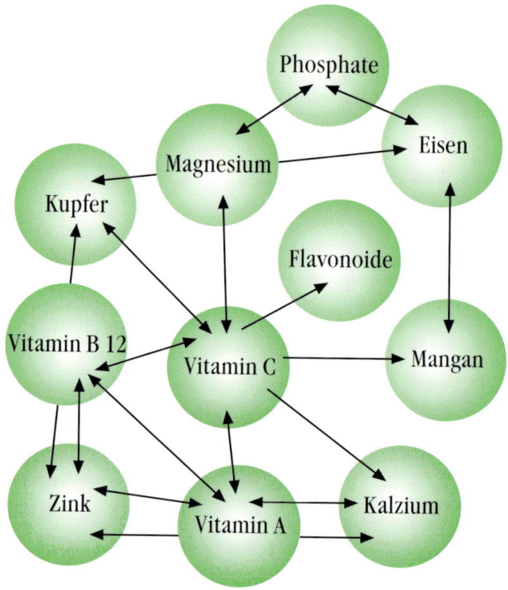

Jedes Element verstärkt die nützliche Wirkung der anderen. Nur durch das natürliche Zusammenwirken aller Elemente kann Ihre Zelle eine optimale Leistung bringen. Der prozentuale Anteil einzelner Elemente ist interessant, hat aber nur eine sekundäre Bedeutung.

Warnung vor Allergiemitteln

Im März 1997 warnte die Deutsche Haut- und Allergiehilfe (DHA) in Bonn vor Gesundheitsrisiken durch die Antiallergika *Teldane* (Terfenadine) und *Hismanal* (Astemizol). In Kombination mit gängigen Antibiotika oder bei Lebererkrankungen könnten die Präparate Herzrhythmusstörungen bis zum Herzstillstand verursachen. Schon die gleichzeitige Einnahme von Grapefruitsaft kann laut DHA das Nebenwirkungsrisiko gefährlich erhöhen. Es sei weltweit bereits vielfach zu Todesfällen gekommen.

Diese möglichen Nebenwirkungen sind schon seit 1992 bekannt und auf dem Beipackzettel beschrieben. Für Laien ist die Gebrauchsanweisung schwer verständlich und eine korrekte Einnahme daher nicht immer gewährleistet.

Die amerikanische Gesundheitsbehörde »Federal Drug Administration (FDA)« kündigte an, diese Produkte vom Markt zu nehmen. In Frankreich wurde das Mittel ebenfalls zurückgezogen. Und in Deutschland? Das »Bundesinstitut für Arzneimittel- und Medizinprodukte« in Berlin hat ein »Stufenplanverfahren« bei den beiden Wirkstoffen eingeleitet. Dieses Verfahren ist aber langwierig und führe in den meisten Fällen nicht zu einer Marktrücknahme. Die Hersteller der Antiallergika sind Hoechst AG, Frankfurt, und Janssen GmbH, Neuss.

Nebenwirkungen von Medikamenten beruhen auf Wechselwirkungen mit anderen Substanzen

Nebenwirkungen von Medikamenten beruhen auf Wechselwirkungen mit anderen Substanzen. Es können Körpereigene oder auch von außen Zugeführte sein. Auch hier existiert eine Vernetzung, die oft kaum bedacht wird, weil man nur die gewollte spezifische Wirkung sehen will.

Unser ganzes Gesundheitssystem steht vor dem Kollaps. Der Grund ist ein gewaltiger Reparaturbetrieb, der nicht mehr bezahlbar ist. Seit über zehn Jahren wird reformiert und reformiert, um den drohenden Kollaps abzuwenden. Ohne Frage hat die Medizin in der Chirurgie und der Entwicklung neuer Techniken gewaltige Fortschritte gemacht. Darauf wollen wir auch nicht verzichten. Andererseits wurde im Bereich Herz-Kreislauf-Erkrankungen, Krebs und den vielen diffusen Befindlichkeitsstörungen wenig erreicht. Das liegt eindeutig an der häufig einseitigen Sichtweise der Mediziner. Denn der Mediziner lernt an den Universitäten, mit Krankheiten umzugehen und nicht mit Gesundheit.

Die vielen Wohlstandserkrankungen haben einen ursächlichen Zusammenhang: die Verhaltens- und Lebensweise der Menschen ist auf Genuss ausgerichtet. Immer mehr Bundesbürger sind übergewichtig, bewegen sich zu wenig, hetzen durch die Zeit, ernähren sich zu einseitig und geben sich mehr der Genußfreude wie Rauchen und Alkohol hin.

Die Verhaltens- und Lebensweise der Menschen ist auf Genuss ausgerichtet

Für das satte Wohlstandsleben sind wir jedoch genetisch nicht strukturiert. Es geht nicht um den Geburtstag oder die Hochzeit mit den Schlemmereien, sondern um die jahrzehntelangen Ernährungsfehler. Gicht, Bluthochdruck, Schlaganfälle, Herzinfarkte, Zuckererkrankungen (Diabetes mellitus Typ II), Krebs etc. sind eindeutig auf eine falsche Ernährung zurückzuführen. Für unser Gesundheitssystem wurden 1996 285 Milliarden Mark aufgebracht. Allein für die ernährungsbedingten gesundheitlichen »Reparaturkosten« mußten nach Aussage des Gesundheitsministeriums 85 Milliarden Mark über das Jahr aufgewendet werden. Ob wir es wahr haben wollen oder nicht, auch hier sind wir gesellschaftlich miteinander vernetzt – durch die jährlich steigenden Kassenbeiträge, die bald keiner mehr bezahlen kann.

Abhilfe? Das Vollkasko-Denken muß aufhören und die Eigenverantwortung des Einzelnen geweckt und gestärkt werden. Das Gesundheits-Lernen muß mit dem ABC-Lernen in der Grundschule beginnen, nicht erst dann, wenn die ersten Beschwerden auftreten. Das wird sich lohnen. Für alle.

8. Berichte aus der Wissenschaft

Wahre Schönheit kommt von innen

Seit den sechziger Jahren beschäftigt sich die Wissenschaft mit Meeresalgen. Zahlreiche Studien wurden von verschiedenen internationalen Universitäten veröffentlicht, und das Interesse hat deutlich zugenommen.

In der Ärzte-Zeitschrift »natura-med« 7-8/1992 wurde eine Arbeit über die Wirkung eines Algen-Komplexes von *Prof. Dr. Hartmut Heine*, Universität Witten/Herdecke, veröffentlicht. Nach Meinung von *Prof. Heine* führt das moderne Leben durch Streß, Umweltverschmutzung und falsche Ernährung zu einer »Inweltverschmutzung« mit vielen Befindlichkeitsstörungen. Nach seiner Untersuchung kann mit einem Algen-Komplex eine Kosmetik »von innen« erreicht werden.

Mit einem Algen-Komplex kann eine Kosmetik »von innen« erreicht werden

Es handelte sich hier um eine 30 Tage dauernde Doppelblindstudie mit Probanden. Es wurden 16 Frauen (Durchschnittsalter 38 Jahre) und 14 Männer (Durchschnittsalter 40 Jahre) aufgenommen. Von allen wurde ein Differentialblutbild erstellt und bezüglich der reifen neutrophilen Granulozyten die Probanden in drei Gruppen (A, B und C) aufgeteilt. Granulozyten nehmen eine zentrale Schlüsselrolle (Infektionsabwehr) im Immunsystem ein.

Die eine Hälfte der Personen bekam zwei Kapseln des Algen-Komplexes und die andere Plazebos (Scheinpräparat). Durch eine verschlüsselte Zuteilung wußten sie nicht, ob sie Kapseln mit oder ohne Wirkstoff bekommen hatten.

Nach 30 Tagen wurde wieder ein Blutbild erstellt und die reifen neutrophilen Granulozyten ausgezählt. Der Befund zeigte einen deutlichen Anstieg und eine Normalisierung der neutrophilen Granulozyten. Bei einigen Personen war zu Beginn der Studie die Neutrophilenzahlen 50% unter der Norm abgesunken, und auch in diesen Fällen konnte man eine 60 %ige Besserung erreichen. Interessant war, daß der Anstieg bei den Frauen deutlich ausgeprägter war als bei den Männern. Lagen die Werte im Normbereich, konnte trotz Einnahme der Kapseln keine weitere Steigerung beobachtet werden. Eine ungesunde Zunahme ist nicht zu befürchten.

Der Organismus ist immer bestrebt und hat die Fähigkeit, durch Selbstregulation sein inneres biologisches Gleichgewicht aufrechtzuhalten

Der Organismus ist immer bestrebt und hat die Fähigkeit, durch Selbstregulation sein inneres biologisches Gleichgewicht aufrechtzuhalten (Homöostase). Nur so ist es möglich, daß wir jederzeit gleich temperiert sind, und der Blutzuckerspiegel fast konstant bleibt. Wird der Organismus jedoch laufend durch Streß, Ärger, Umweltbelastungen, Alkohol usw. aus dem Gleichgewicht gebracht, dann setzt der Körper hochaktive Substanzen frei. Diese verschiedenen körpereigenen Substanzen wie Lymphokine, Zytokine, Wachstumsfaktoren, Prostaglandine, knochenmarkstimulierende und andere Faktoren greifen regulierend in alle biologischen Funktionen ein.

Prof. Heine hat herausgefunden, daß der Algen-Komplex die selbstregulierenden Kräfte unterstützt. Das biologische Gleichgewicht kann wiederhergestellt werden, und die hochaktiven Substanzen des Immunsystems können ihre Aufgabe im Immunsystem verstärkt wahrnehmen.

Aus der ärztlichen Praxis wird das auch von mir bestätigt. Eine Kollegin, Frau *Dr. C. Sch.* aus Maastricht, berichtete:

»Insgesamt habe ich über einen Zeitraum von 1993 bis 1995 gute Erfahrungen mit den Algenkapseln gemacht.

- *Bei Pollenallergikern traten die allergischen Reaktionen vermindert auf.*

- *Die Infekthäufigkeit bei chronisch bronchial Erkrankten hat neben der überstarken Schleimbildung deutlich abgenommen.*
- *Rheumatiker mit einer Autoimmunerkrankung waren leistungsgesteigert, und die Schwellung der Finger nahm ab.*

Auffallend war, daß sich die meisten Patienten ›fitter‹ fühlten – auch die älteren – und sich über ein generell besseres Wohlbefinden äußerten«.

Die Regulation des Immunsystems

In der Diabetesforschung wird seit einiger Zeit die Wirkung von Alginaten untersucht

Im März 1996 wird aus dem Institut für Biotechnologie und Institut für Krebsforschung und Molekularbiologie, Universität Trondheim, Norwegen, berichtet:

Die Wissenschaftler *Gudmund Skjak-Bräk, Olav Smidsröd* und *Treje Espevik* haben in verschiedenen Algenarten Substanzen gefunden, die regulierend auf das menschliche Immunsystem wirken. Diese Stoffe können das körpereigene Abwehrsystem anregen, es aber auch bremsen, wenn es im Falle starker Infektionen über das eigentliche Ziel hinausschießt und den eigenen Körper zu schädigen beginnt.

Hintergrund der Forschungen war die Diabetesforschung. Um zuckerkanken Menschen zu helfen, wird dort versucht, insulinproduzierende Langerhans-Zellen der Bauchspeicheldrüse in Alginat (Schutzgewebe aus Algen) gebettet zu transplantieren. Dabei sollen die Langerhans-Zellen durch das Alginat vor fatalen Abstoßungsreaktionen geschützt werden.

Terje Espevik erläuterte: *»Eine bestimmte Zusammensetzung der Substanzen stimuliert das Immunsystem und wenn unsere weiteren Experimente erfolgreich verlaufen, dann haben wir gute Mittel gegen Strahlenschäden und Verbrennungen. Außerdem können sie bei Operationen im Magen-Darm-Trakt genutzt werden.«*

Steven R. Schechter berichtet in seinem Buch »Fighting Radiation & Chemical Pollutants with Foods, Herbs & Vitamins«, USA, 1994, sehr ausführlich über Meeresalgen. Die Auswertung zahlreicher wissenschaftlicher Arbeiten bewog ihn zu folgendem Bericht:

»Kein anderes Lebensmittel schützt so gut gegen Bestrahlung und Umweltverschmutzung wie Meeresgemüse. Alle Meeresgemüsearten haben eine strahlungsschützende Eigenschaft und können die Aufnahme von unterschiedlichen Radionukleiden, Schwermetallen wie Cadmium und anderen Umweltgiften verhindern.«

Radioaktive Strahlung und Krebs

Das stärkste Schutzelement im Meeresgemüse ist Natrium-Alginat

Das stärkste Schutzelement im Meeresgemüse ist Natrium-Alginat. Laut Studien, die von *Yukio Tanaka* und anderen Wissenschaftlern im Gastro-Intestinal-Forschungslabor der McGill-Universität, Montréal, Kanada, durchgeführt wurden, reduziert Natrium-Alginat die Menge Strontium 90, die vom Knochengewebe absorbiert wird, um 50 bis 83%.

Radioaktives Strontium 90 ist eine der häufigsten Quellen der Strahlenbelastung. Es ist ein Schlüsselelement des radioaktiven Niederschlags und schwacher Strahlung, die auf die weltweiten Atombombentest, Kernkraftwerkelecks und Routineemissionen zurückzuführen ist. Strontium 90 und Cäsium 137 sind zwei der häufigsten Radioisotope, die während der Tschernobyl-Katastrophe frei wurden.

Viele Menschen haben heute eine beträchtliche Menge Strontium 90 im Knochengewebe. Es bleibt lebenslang im Körper, verursacht aber im Gegensatz zu den meisten Radioisotopen und chemischen Verschmutzungen keine spezifischen Symptome oder Krankheiten. Es ist aber bekannt, daß Strontium 90 Leukämie, Knochenkrebs, die Hodgkins-Krankheit, Anämie und eine verminderte Produktion von roten und weißen Blutkörperchen verursachen kann.

Viele Menschen haben heute eine beträchtliche Menge Strontium 90 im Knochengewebe

Eine Forschergruppe um *S. C. Skoryna* analysierte die Gründe, an Knochenkrebs zu erkranken. Man fand heraus, daß Strontium 90 große Parallelitäten mit Radium aufweist und durch eine Erhöhung der Strahlendosis die Wahrscheinlichkeit zunimmt, an Knochenkrebs zu erkranken. Selbst winzige Dosen Strontium 90 können über die Jahre Knochenkrebs auslösen.

Radioaktives Strontium gelangt mit der Nahrung über den Dünndarm in den Blutkreislauf und wird überwiegend in den Knochen deponiert. Mit dem Verzehr von Meeresgemüse verbindet sich das Natrium-Alginat mit dem radioaktiven Isotop im Magen-Darm-Trakt. Ein unlösliches, gelartiges Salz, das Strontium-Alginat, bildet sich und wird mit dem Stuhl unschädlich ausgeschieden.

In einer Studie von 1965 kamen *Skoryna* und Kollegen zu dem Ergebnis, daß die Einnahme kleiner aber regelmäßiger Alginatmengen die Aufnahme von radioaktiven Strontium und anderen Umweltgiften wirksam verhindert.

Ein Experiment, das im Umwelt-Toxikologie-Labor der Umweltbehörde von *J.-F. Stara* durchgeführt wurde, zeigte, daß Natrium-Alginat die Menge von radioaktivem Strontium, das sich in den Knochen von Katzen abgelagert hatte, erheblich reduzierte. *Stara* beobachtete, wenn das in den Knochen befindliche radioaktive Strontium wieder in den Magen-Darm-Trakt gelangte, wird es vom Alginat gebunden, neutralisiert und dann mit dem Stuhl ausgeschieden.

Das Alginat ist eine vorbeugende und therapeutische Substanz gegen Strahlenschäden und Schwermetalle

Stara und *Tanaka* schlossen daraus, daß das Alginat nicht nur als eine vorbeugende, sondern auch als therapeutische Maßnahme gegen radioaktive Strontiumvergiftung genutzt werden kann. Bei verschiedenen Untersuchungen stellte man dann fest, daß auch andere metallische Schadstoffe wie überschüssiges Barium, Cadmium und Zink vom Alginat gebunden werden.

Obwohl *Tanaka* bei seiner anfänglichen Forschung Ratten und andere Säuger einsetzte, erweiterte er die Test auf freiwillige Probanden (gesunde Menschen). Man konnte nachweisen, daß auch bei Menschen das Alginat eine wirksame, vorbeugende und therapeutische Substanz gegen Strahlenschäden und Schwermetalle ist.

In zwei Versuchen mit Ratten verminderte Natrium-Alginat die Aufnahme einiger Isotope, darunter Strontium 90, 85, Barium und Radium, teilweise um das Zwölffache. Eine britische Studie zeigte, daß die Aufnahme und Speicherung von Strontium 90 und 85 sich um mindestens das Vierfache reduzierte.

In einem anderen Experiment wurde durch Zusatz von 2,5% Natrium-Alginat zur Futtermenge von Leghorn-Hennen eine 20-40 %ige Reduzierung des radioaktiven Strontium-89 in Knochen, Muskeln und Eierschalen erreicht. Eine Verdoppelung des Natrium-Alginats brachte keine wesentliche Verbesserung. Dieses Experiment zeigt, wie wichtig es ist, die optimale Dosis von Schutzstoffen zu finden, um eine Überdosierung zu vermeiden. So haben zum Beispiel Vitamin A und D toxische Nebenwirkungen, wenn sie überdosiert werden.

Alginat ist ungiftig und wird über den Magen-Darm-Trakt im Körper nicht aufgenommen. Es wirkt spezifisch und ist beständig in seiner Reaktion. Es ist unempfindlich gegen Magensäure und die im Magen-Darm-Trakt befindlichen Enzyme. Es hat keinen negativen Einfluß - weder bei Erwachsenen noch bei Kindern - auf die Zufuhr von Kalzium und anderen Mineralien.

Das Alginat ist ungiftig und wird über den Magen-Darm-Trakt im Körper nicht aufgenommen

Beckmann wies nach, daß Alginat die wichtigen Elektrolyten Natrium und Kalium nicht bindet. Es wird deshalb die Versorgung dieser Ionen zum Metabolismus (Stoffwechselprozeß) nicht beeinträchtigt. Elektrolyte, Substanzen, die im Körper elektrische Ladungen produzieren, sind mit vielen Basiskörperfunktion, wie Nervenimpulsen, Muskelaktivitäten, Herzfunktion und Stoffwechsel verbunden.

Die Kernkraftenergie-Kommission (AEC) der Vereinigten Staaten von Amerika hat die Wirksamkeit des Natrium-Alginats zur Reduzierung radioaktiver Vergiftung erkannt. Laut Forschungsabteilung für Biomedizin und Umwelt der AEC, benötigt der Mensch als maximalen Schutz gegen radioaktive Vergiftung mindestens 2-3 Unzen Meeresgemüse pro Woche (1 Unze = 28,35 g) oder 10 g (2 Eßlöffel) Alginatzusatz pro Tag. Wichtig ist, daß die regelmäßige Einnahme mit ausreichender Flüssigkeit über einen längeren Zeitraum erfolgt.

Meeresgemüse gibt es in Naturkostläden oder auch als Kapseln in Apotheken und Reformhäusern (siehe Bezugsquellen).

Radioaktives Jod 131 ist ein Nebenprodukt der Kernspaltung. Es wird beim routinemäßigen Betrieb oder Unfall in den Kernkraftwerken und bei Atomwaffentest freigesetzt. Es ist eines der meistverbreiteten radioaktiven Isotope in unserer Umwelt.

Jod 131 wird in Verbindung mit Röntgenstrahlen benutzt, um die Schilddrüse, Lunge und das Blut zu untersuchen. Wenn jedoch die Menge von natürlichem Jod nicht ausreicht, wird radioaktives Jod von allen Säugern aufgenommen, besonders vom Menschen. Es konzentriert sich hauptsächlich in der Schilddrüse und in den Fortpflanzungsorganen. Es ist eine sehr giftige und krebserregende Substanz.

Das gesamte Blut im Körper fließt alle 17 Minuten durch die Schilddrüse

Radioaktiver Niederschlag, der radioaktives Jod enthält, fällt auf Weideland und wird, wie Strontium 90, in Milchprodukten konzentriert. Es kann aber auch über die Luft oder über Nahrungsmittel aufgenommen werden.

Trotz einer kurzen Halbwertzeit von nur 8 Tagen, kann radioaktives Jod doch gefährlich werden, da die Strahlung schneller in hohen Dosen freigesetzt wird. Als Folge kann es meist erst nach 12 Jahren oder mehr zum gefürchteten Krebs kommen.

Laut *Dr. Helen Caldicott, M.D.*, Autorin von »Nuklearer Wahnsinn« und Gründerin der Organisation »Ärzte für soziale Verantwortung«, wird ein Radioisotop in der befallenen Drüse das umgebende Gewebe bestrahlen, die Funktionen stören und möglicherweise letztlich Krebs erzeugen. Das gesamte Blut im Körper fließt alle 17 Minuten durch die Schilddrüse und wird dadurch Strahlungen ausgesetzt. Schwere und potentiell tödliche Stoffwechsel- und andere Funktionsstörungen in Körperpartien, die anfänglich nicht bestrahlt wurden, können von radiaktivem Jod in der Schilddrüse verursacht werden.

Jod 131 kann sich in den Eierstöcken bei Frauen oder Hoden der Männer kumulieren, was potentiell zu Funktionsstörungen oder Mutationen bei Kindern führen kann. Schwangere sind am stärksten durch radioaktive Isotope gefährdet. Jod 131 kann sich ebenso in der Schilddrüse eines heranwachsenden Fötus sammeln und hundertfach stärker konzentrieren als in der Schilddrüse eines Erwachsenen. Wie *Caldicott* feststellt, kann konzentriertes radioaktives Jod zu vielen Stoffwechselproblemen im Fötus führen: vermindertes Wachstum, niedriges Geburtsgewicht und erhöhte Säuglingssterblichkeit.

Jod 131 kann sich in der Schilddrüse eines heranwachsenden Fötus sammeln und hundertfach stärker konzentrieren als in der Schilddrüse eines Erwachsenen

Natürliches Jod ist in ausreichender Menge im Meeresgemüse enthalten und sorgt für die einwandfreie Funktion der Schilddrüse. Wichtige Hormone können dann produziert werden und sind wiederum für die reibungslose Funktion des Körpersystems verantwortlich.

Wenn bereits radioaktives Jod von der Schilddrüse absorbiert wurde, hilft die Einnahme von natürlichem Jod, die Verstrahlung und die Aufnahme von radioaktivem Jod auszugleichen. Laut dem verstorbenen *Dr. Russel Morgan,* dem früheren Chef-Radiologen der John-Hopkins-Universität, reduziert die tägliche Einnahme von 1 mg Jod bei Kindern und 5 mg Jod bei Erwachsenen das in der Schilddrüse angesammelte radioaktive Jod 131 um 80%!

Dänische Forscher fanden den strahlenschützenden Effekt von Jod bei Ratten heraus. Die Tiere wurden einer Einzeldosis von 1.000 Rad Gammastrahlen ausgesetzt. In dieser Studie wurden die Auswirkungen auf drei Gruppen der Ratten beobachtet. Die erste Gruppe erhielt Jod und eine Calciumverbindung (Ca 2+ oder Glucomolactobionat), beginnend 13 Tage vor der Bestrahlung und noch 21 Tage danach. Der zweiten Gruppe wurde nur die Calciumverbindung im gleichen Zeitraum verabreicht. Die dritte Gruppe bekam nichts.

Eine optimale Ernährung versorgt den Körper mit ausreichenden Mengen natürlichen Jods und schützt ihn vor radioaktivem Niederschlag

67% der mit natürlichem Jod behandelten Ratten waren nach 30 Tagen noch am Leben, verglichen mit 36% der Ratten, die nur Ca 2+ bekamen. Ratten, die weder Jod noch Ca 2+ bekamen, starben innerhalb von 3-5 Tagen nach der Bestrahlung.

Ein weiteres Resultat dieser Studie war, daß bei 85% der Ratten, die nur Ca 2+ bekamen, Calciumablagerungen in den Nieren auftraten, während diese nur bei 16% der Ratten, denen Jod mit dem Ca 2+ verabreicht wurden, festgestellt wurde. Die Forscher schlossen daraus, daß Jod einen erheblichen strahlungsschützenden Effekt hat.

Der Aufnahme von radioaktivem Jod vorzubeugen ist eine weit effektivere Lösung, als Jodverbindungen für eine (hoffentlich schnelle) Verteilung im Notfall bereitzuhalten. Eine optimale Ernährung versorgt den Körper mit ausreichenden Mengen natürlichen Jods und schützt ihn vor radioaktivem Niederschlag und radioaktiven Isotopen.

Meeresgemüse, Algentee oder Algenkapseln sind eine gute und natürliche Jodquelle. Meeresgemüse ist reich an lebenswichtigen Mineralien, Spurenelementen, Aminosäuren und Vitaminen, die dem Körper sofort über die Darmschleimhaut zugeführt werden. Im Austausch werden vom Alginat die im Darm befindlichen Schadstoffe »eingefangen« und unschädlich ausgeschieden.

Krebshemmende Eigenschaften von Meeresbraunalgen

In der Zeitschrift »Anticancer-Resource«, 1993 Nov.-Dec., berichteten die Wissenschaftler *M. Ellouali* et al., daß die Meeresbraunalge *»ascophyllum nodosum«* eine krebshemmende Wirkung hat. Aus der Meeresbraunalge wurde ein Extrakt (Fucans) gewonnen und in Tumorzellen injiziert. Die Zellwucherung konnte dabei gehemmt werden. Man stellte fest, daß es keine signifikanten Unterschiede in der antitumoren Wirkung zwischen dem gewonnenen oder rohem Extrakt gibt.

Im Mai 1996 berichteten französische Forscher ebenfalls von der krebshemmenden Wirkung. Der Extrakt wurde auch aus der Meeresbraunalge *»ascophyllum nodosum«* gewonnen und Patienten mit Bronchialkrebs gegeben. Die antitumore Wirkung wurde sowohl *in vitro* als auch *in vivo* festgestellt. Sie kamen zum Ergebnis, daß es sich hier um eine potente antitumore Wirkung in der Krebs-Therapie handelt. Die Studie wurde von *Dr. D. Rio, C. Collicc-Jouault* und anderen am Institut für »Laboratoire de Pharmacologie Marine«, Nantes, Frankreich, durchgeführt.

In Deutschland erkranken jährlich ca. 300.000 Menschen an Krebs

In Deutschland erkranken jährlich ca. 300.000 Menschen an Krebs. Bei der Krankheitsentstehung soll laut neuerer Forschung ein bestimmtes Gen – p53 – eine Schlüsselrolle spielen. Man geht davon aus, daß bei 60% aller Krebserkrankungen dieses schützende Gen defekt ist. Wahrscheinlich schädigen schädliche Substanzen und Viren das p53-Gen. Eine genetische Veranlagung kann aber ebenfalls der Auslöser sein, wie aus der Medizingeschichte immer wieder berichtet wird.

Das p53-Gen unterdrückt die Bildung von Tumoren und sorgt für die Bildung des Proteins p53. Es ist ein »Wächter der Erbsubstanz« und befindet sich in jeder Zelle. Wird die DNS (Erbsubstanz) einer Zelle zum Beispiel durch Schadstoffe, Viren oder auch Sonnenstrahlung beschädigt, muß der Schaden repariert werden. Diese Aufgabe übernimmt p53, indem andere Gene aktiviert werden, um die Zellteilung solange zu stoppen, bis die Zell-Reparatur ausgeführt ist. Ist der Defekt zu groß und eine Reparatur nicht möglich, aktiviert das Protein ein Vernichtungsprogramm, und die Zelle zerstört sich selbst.

Zu einer erfolgreichen Therapie gehört auch ein gesundes Zellmilieu, und das kann man mit einer guten Ernährung erreichen

Damit die Hauptsicherung bei der täglichen Zellteilung und Erneuerung funktionstüchtig bleibt, muß die Zelle mit den lebenswichtigen Vitalstoffen tagtäglich versorgt werden. Vielleicht wird eines Tages die Gentherapie bei der Krebsbehandlung eine wichtige Rolle spielen. Aber zu einer erfolgreichen Therapie gehört auch ein gesundes Zellmilieu, und das kann man mit einer guten Ernährung erreichen.

9. Meeresgemüse: Das beste Lebensmittel der Welt

Was ist Gesundheit?

Die Weltgesundheitsorganisation (WHO) definiert Gesundheit »... als einen Zustand körperlichen und sozialen Wohlbefindens« - »Krankheit eine Abweichung von der Norm, die geeignet ist, das Wohlbefinden zu stören«.

Der Volksmund sagt: *»Essen und Trinken hält Leib und Seele zusammen«*. Wie wahr, denn zur Gesunderhaltung müssen unsere Billionen von Zellen jeden Tag mit lebenswichtigen Vitalstoffen versorgt werden. Zur Balance des Zellmilieus gehören die Mikrobausteine Mineralstoffe, Spurenelemente, Vitamine, Amino- und Fettsäuren. Bei einer Fehl- oder Unterernährung über einen längeren Zeitraum kommt es zu einem Mißverhältnis im Zellmilieu, und die Organversorgung ist eingeschränkt.

Streß kann diesen Prozeß noch beschleunigen. Streß ist etwas normales und natürliches, ein vorprogrammierter Alarmplan, um das Leben bei Gefahr und Not zu meistern. Die genetische Struktur in unserem Körper ist heute noch genauso intakt wie vor 10.000 Jahren. Geändert hat sich unser Umfeld - die industrielle Entwicklung, unsere Zivilisation. Durch Straßenverkehr, Lärm, Überforderung im Beruf und viele Dinge mehr kommt es laufend zu Fehlalarmen im Organismus. Energien werden zur Flucht mobilisiert - aber es passiert nichts.

Stress ist ein vorprogrammierter Alarmplan, um das Leben bei Gefahr und Not zu meistern

Nach einem Beinah-Unfall sitzt man mit Herzklopfen und schweißgebadet im Auto und fährt weiter. Besser ist es auszusteigen und sich zu bewegen, damit die Streß-Hormone abgebaut werden. Aber das ist nicht immer möglich, weil der Termin drängt, und dann läßt man es. Die notwendige Abreaktion findet nicht statt, und die Streß-Hormone zirkulieren im Körper. Auf Dauer kann das für den Körper schädlich sein.

Der Körper versucht das Gleichgewicht wiederherzustellen. Es ist vergleichbar mit einer Waage. Körpereigene bioaktive Substanzen sorgen dafür, daß das Zellmilieu immer ausreichend mit Energie versorgt wird. Wenn aber laufend das Gleichgewicht gestört wird und es zu keinem Ausgleich kommt, dann treten die ersten Befindlichkeitsstörungen auf. Man ist erschöpft, abgespannt, lustlos, infektanfällig und einfach nicht gut drauf.

Meeresbraunalgen versorgen die Körperzellen mit vielen Nährstoffen

Werden diese Störungen nicht beseitigt, können sich chronische Krankheiten entwickeln. Eine zusätzliche Nahrungsergänzung mit Meeresbraunalgen – ob als Gemüse oder in Form von Algenkapseln – kann hier vorbeugend helfen. Denn die Bausteine von Meeresalgen sind die gleichen, aus denen wir selbst bestehen. Sie sind genial aufeinander abgestimmt und ergänzen sich wie von »Mutter Natur« gewünscht (natürlicher Synergismus).

Die Körperzellen werden mit den vielen Nährstoffen versorgt und aufgebaut. Gleichzeitig wird der Körper entgiftet, und es entwickelt sich ein gesundes Zell-Milieu. Das ist die Voraussetzung, um gesund und fit zu sein.

Cola, Limo & Co.: Die Calcium-Räuber

Im Februar 1977 berichtete die »Ärztliche Praxis« 1/2, 1997, daß immer mehr Kinder mit Knochenschwund (Osteoporose) behandelt werden müssen. Ursache seien gravierende Ernährungsmängel. Die bei Kindern beliebten Getränke wie Cola und Limonade seien reine »Calcium-Räuber« zu Lasten des Knochengewebes.

Das jüngste bekannte Osteoporose-Opfer in Deutschland ist dem Fachblatt zufolge ein elfjähriges Kind. Es hatte sich überwiegend von Cola-Getränken und Gebäck ernährt. Die Folge waren extrem häufige Knochenbrüche.

Der Zusatzstoff Phosphor wird den Softdrinks zugesetzt, und bei einem gleichzeitigem Kalziummangel führt das zu brüchigen Knochen. Auch Fleisch und Süßigkeiten - insbesondere Kakao und Schokolade - sind sehr phosphorhaltig.

Calcium braucht zur Körperverfügbarkeit Phosphor, aber nur in Spuren. Es kommt also auch hier auf die richtige Ernährung an, dann ist eine Überdosierung ausgeschlossen. Dazu gehören vor allem frisches Obst und Gemüse. Meeresgemüse ist reich an Calcium (ca. 20 g/100 g), und zusätzlich sind alle anderen lebenswichtigen Mineralien und Spurenelemente vorhanden.

Limonaden wird Phosphor zugesetzt. Bei einem Mangel an Calcium kann das zu brüchigen Knochen führen

Bei dem elfjährigen Jungen konnte durch eine konsequent kalziumreiche Ernährung eine rasche Zunahme der Knochendichte erreicht.

Moderne Ernährung heute

Niemand will sich bewußt falsch ernähren. Meist ist unser Eßverhalten anerzogen und wird auch noch durch die suggestive Werbung (TV- und Printmedien) beeinflußt. Die Fast-Food-Ernährung ist heute Alltag geworden. Man wird zwar damit satt, aber die Energiebilanz stimmt oft nicht. Die Folge ist: Wir essen zuviel, zu fett und zu ballaststoffarm. Hinzu kommt, daß verschiedene Mineralstoffe und Spurenelemente, die unbedingt mit der Ernährung zugeführt werden müssen, fehlen.

Neben der täglichen Wasseraufnahme von ca. zwei Litern, sind die Mineralsalze bei der Aufrechterhaltung eines konstanten Elektrolythaushaltes beteiligt. Elektrische Vorgänge der Zellmembranen werden durch die verschiedenen Ionen gesteuert. Zum ganzen Orchester gehören alle Mineralien und Spurenelemente. Sie wirken meist als Aktivatoren bei Enzymreaktionen (z.B. Kupfer, Zink, Molybdän) oder sind Bestandteile lebensnotwendiger Wirkstoffe (z.B. Kalzium, Kalium, Jod, Eisen u. a.).

Heutzutage ernähren sich viele Menschen ungesund: Sie nehmen zuviele Fette und zuwenig Ballaststoffe zu sich

Es gibt zahlreiche Bücher und Seminare über Ernährung und gesundes Verhalten. Eigentlich müßten die Arzt-Praxen alle leer sein, und unser Gesundheitsminister wäre alle seine Sorgen los. Aber nur theoretisch, denn die Praxis sieht ganz anders aus.

Vitaminmangel ist in der heutigen Zeit sehr selten. Ganz anders steht es um eine ausreichende Zufuhr von Mineralstoffen. Mineralstoffe werden weder durch Licht, Hitze und Kälte zerstört oder angegriffen. Sie sind wasserlöslich und können beim Kochen, z.B. von Gemüse, in das Wasser übergehen. Mit dem Kochwasser werden dann lebenswichtige Bausteine weggegossen. Deshalb ist es so wichtig, die Nahrung so natürlich wie möglich zu belassen. Frische Produkte, die weder durch Kochen noch Konservierung verändert wurden, sind daher immer vorzuziehen.

Besonders für viele Berufstätige ist die Umsetzung schwierig. Kantinen- bzw. Restaurantessen werden häufig nach Aussehen und Geschmack zubereitet. Auf individuelle Wünsche wird selten Rücksicht genommen. So kann es trotz Überangebot an Nahrungsmitteln zu einer Unterversorgung kommen. Äußerlich ist das meist an Haut, Haaren und Nägeln sichtbar. Die Nägel sind brüchig, das Haar spröde, und die Haut wirkt fahl und blaß. Andere Symptome wie Müdigkeit, Lustlosigkeit und auch Infektanfälligkeit gesellen sich oft dazu. Die ersten Befindlichkeitsstörungen können dann auftreten.

Einfache Abhilfe können hier Meeresalgen schaffen. Das Pflanzenpräparat ist eine ideale Nahrungsergänzung, um Mängel auszugleichen bzw. vorzubeugen. Außerdem sind alle Elemente hundertprozentig für den Körper verfügbar. Diese Bioverfügbarkeit aus der Pflanze hat sich über Jahrmillionen bewährt. Gleichzeitig kann sich der Körper auch noch von vielen Schadstoffen befreien, und das körpereigene Informationssystem fließt besser.

Meeresalgen versorgen das gesamte Zellmilieu mit den notwendigen Mineralien und Spurenelementen. Das Enzymsystem, die Stoffwechselprozesse sowie die Zellregeneration werden aktiviert, und der Körper funktioniert wieder besser. Natürlich erfolgt dieser Prozeß nicht von heute auf morgen. Aber innerhalb eines Monats zeigen sich meistens die ersten Erfolge. Eine kurmäßige Anwendung über vier Monate ist daher sehr empfehlenswert.

Die Bioverfügbarkeit von Meeresalgen hat sich über Jahrmillionen bewährt

Meeresalgen, als Meeresgemüse oder auch als Algenkapseln verzehrt, enthalten eine Menge Vitalstoffe. Die Zellen können schneller regenerieren, und man kann ein besseres Wohlbefinden erreichen.

Der positive Einfluß von Meeresalgen auf dem Körper

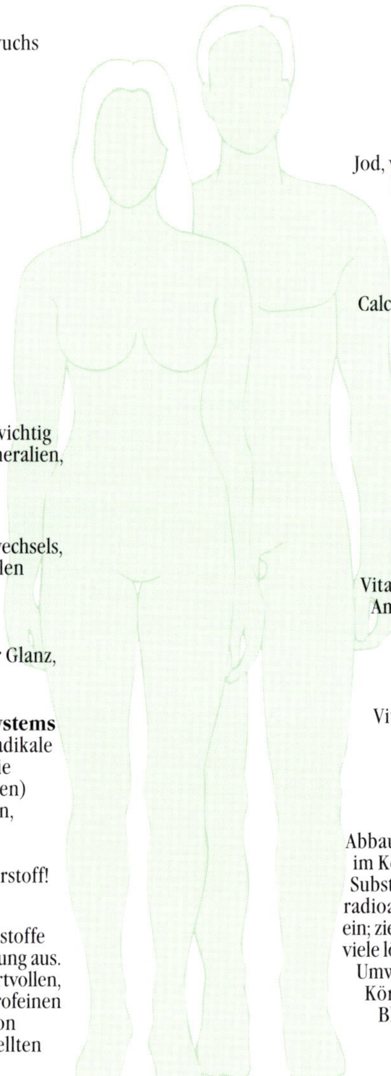

Stoppt Haarausfall,
besserer, gesunder Nachwuchs
Cystein, Vitamin B_5, B_4,
Methionin

Falten
werden geglättet

Haut
gesünder, fester, straffer
-Vitamin A, C und E

Zink
gegen Müdigkeit und
Abgeschlagenheit

Darm
normalisiert Darmflora, wichtig
für das Immunsystem, Mineralien,
Aminosäuren, Vitamine

Zellulitis
Aktivierung des Zellstoffwechsels,
Entwässerung, die Fettzellen
schmelzen

Finger- und Fußnägel
besseres Wachstum, mehr Glanz,
gesünder

Stärkung des Immunsystems
Die gefährlichen freien Radikale
(u.a. verantwortlich für die
Entstehung von Krebszellen)
werden in Schach gehalten,
dadurch bessere
Gewebeversorgung mit
lebensnotwendigem Sauerstoff!

Die optimal aufeinander
abgestimmten Algen-Vitalstoffe
schließen eine Überdosierung aus.
Der Zellaufbau mit den wertvollen,
naturbelassenen und mikrofeinen
Lebensbausteinen wird von
keinem künstlich hergestellten
Produkt erreicht.

Augen
Vitamin A, C + E

Schilddrüse
Jod, wichtig für den Stoffwechsel,
Nervensystem, Blutbildung,
stärkt Infektabwehr

Herz
Calcium, Magnesium, Vitamin B_1

Muskulatur
Magnesium, Vitamin B_1, D

Eisen
steigert Leistungsfähigkeit

Sex
Vitamin B_{12}, Folsäure, Mangan,
Aminosäure, Spurenelemente,
Methionin: Glücksgefühle!

Knochen
Vitamin D, Calcium Phosphor,
hält das Skelett stabil.

Entgiftung
Abbau von Umweltgiften, die sich
im Körper abgelagert haben. Die
Substanz geht mit verschiedenen
radioaktiven Isotopen Bindungen
ein; zieht sie an, bindet sie und hilft,
viele lösliche Schwermetalle (durch
Umweltverschmutzung) aus den
Körperzellen zu entfernen, z.B.
Blei, Caesium, Cadmium, und
andere mehr.

Steven R. Schechter, N.D., 1991, USA, *»Fighting Radiation + Chemical Toxins with Food«,* Vitality Ink., Encinitas

Meeresgemüse: Das beste Lebensmittel der Welt

Gemüse ist grundsätzlich ein gutes und gesundes Lebensmittel. Mangelkrankheiten und viele verschiedene Beschwerden können sehr gut damit behoben werden. Es sind nicht nur die Vitamine und Mineralien, die hier helfen, sondern auch die sekundären Pflanzenstoffe. Falsch wäre es, sich einzelne Substanzen heraussuchen und deren Wirkung zu untersuchen. Das Resultat ist meist unbefriedigend. Selbst Mengen-Analysen der Inhaltsstoffe bringen nichts, weil die Anteile immer großen natürlichen Schwankungen unterliegen. Entscheidend bei einer Beurteilung aller Substanzen sind die natürlich gebundenen Inhaltsstoffe mit ihrem Synergieeffekt und deren Körperverfügbarkeit.

Pflanzliche gebundene Stoffe nimmt der Körper über die Darmschleimhaut leichter auf

Umfangreiche Untersuchungen bestätigen immer wieder, daß diejenigen, die viel Gemüse und wenig tierische Produkte essen, gesünder sind. Woran liegt das?

Wichtig ist die regelmäßige Nahrungszufuhr von verschiedenen sekundären Pflanzenstoffen, Vitaminen und Mineralien über Jahrzehnte hinweg. Denn pflanzlich gebundene Stoffe nimmt der Körper über die Darmschleimhaut leichter auf, und gleichzeitig wird dem Darm ausreichend Ballast zugeführt. Dieser Ballast ist wiederum lebenswichtig für unsere Darmbakterien, damit die Darmflora intakt bleibt. Haben wir eine gesunde Darmflora, profitiert davon auch das Immunsystem.* Es greift also eins ins andere. Zu empfehlen ist auch das Buch »Heilende Biostoffe aus dem Gemüsekorb« von *Dr. med. Gisela Rauch-Petz.*

**Literaturtip: »Das Buch der ganzheitlichen Darmsanierung. Gesund durch Colon-Hydro-Therapie« von Dr. med. Thomas Schultz-Wittner u.a. Fit fürs Leben-Verlag 1997*

Es sind aber nicht nur die vielen Nährstoffe im Gemüse, die topfit machen können, sondern das Gemüse beeinflußt auch positiv den Säure-Basen-Haushalt. Das wird auch von neueren Forschungen bestätigt.

Der positive Einfluß von Gemüse auf unseren Säure-Basen-Haushalt

Unser Körper bildet ständig verschiedene Säuren: Fettsäuren, Aminosäuren, Ketonsäuren und Kohlensäure bei der Zellatmung. Ein gesunder Körper wird mit dieser Säureflut problemlos fertig*. Die Säuren werden über die Nieren, den Darm und die Atmung ausgeschieden.

Literaturtip: Dr. Philippe-Gaston Besson: »Dynamisch leben durch Säure-Basen-Gleichgewicht«, Waldthausen Verlag

Die Ernährung spielt bei der vermehrten Säureaufnahme eine große Rolle. Aminosaure Nahrungsmittel wie Fleisch, Fisch, Käse und Eier sowie zusätzlich Bohnenkaffee und Alkohol können den Säuregehalt sprunghaft ansteigen lassen. Das kann man messen. Der ph-Wert (= »pondus Hydrogenii«) ist eine übliche Kurzbezeichnung für die Wasserstoffionenkonzentration und dient zur Bestimmung der Säure-Basen-Konzentration.

Die Normalwerte sind für

Blut	=	7,30 - 7,45
Speichel	=	6,50 - 6,85
Urin	=	5,80 - 6,80

Werden die überschüssigen Säuren vom Körper nicht ausgeschieden, deponiert er diese. Der Gichtanfall durch Harnsäurekristalle ist ein typisches Beispiel. Hält die Säurebelastung über einen längeren Zeitraum an, sinkt die Basen-Puffer-Kapazität im Blut. Es kommt zu einer Verschiebung des Kalium-Wasser-Quotienten, und die überschüssige Säure wird im Bindegewebe und in den Knorpelschichten zwischengelagert.

Erfolgt auf Dauer immer noch keine Ausscheidung, dann werden diese Zwischenlager zu Endlager.

Immer mehr Menschen konsumieren säurebildende Nahrung, die durch basische und neutrale Nahrungsmittel nicht auszugleichen ist

Der Körper versucht, das Mißverhältnis auszugleichen und entzieht die in den Knochen, Knorpeln und Zähnen eingelagerten Mineralsalze. Folge ist eine Entmineralisierung, und es treten verschiedene Beschwerden wie u.a. Müdigkeit, Muskel- und Gelenkbeschwerden, Neuralgien und Sodbrennen auf: Brüchige Haare und Nägel sind meist ein sichtbares Zeichen, daß etwas mit dem Mineralhaushalt nicht stimmt und man »sauer« ist.

Ursache ist fast immer eine falsche und einseitige Ernährung und Bewegungsmangel. Denn überschüssige Säure kann auch ausgeschwitzt und abgeatmet werden: Ob der ph-Wert des Säure-Basen-Haushalts sauer oder alkalisch ist, ist abhängig von den anteiligen positiv bzw. negativ geladenen Ionen.

Ionen sind geladene Teilchen (Atome, Moleküle), die in einem elektrischen Feld wandern. Durch die gegensätzliche Ladung (»+« und »-«) von Ionen ziehen sie sich an, es entsteht eine Ionenbindung und elektromagnetische Aktivität. Nach diesem physikalischen Gesetz arbeitet auch jede Batterie. Nur wenn die Batterie mit den richtigen Polen verbunden ist, gibt sie Energie frei. Viele elektrische Vorgänge im Organismus sind nur möglich durch die unterschiedliche Verteilung von Ionen und deren Beweglichkeit in wässrigeren Lösungen. Jedes Ion ist von einer Wasserhülle umgeben und verteilt sich zwischen den Zellen in einer unterschiedlichen Konzentration. Deshalb ist es wichtig, immer ausreichend Flüssigkeit (ca. 2,5 Liter pro Tag) zu sich zu nehmen. Ältere Menschen trinken oft zu wenig und bekommen oftmals gesundheitliche Probleme.

Immer mehr Menschen konsumieren säurebildende Nahrung, die zuviel positiv geladene Ionen hat. Hinzu kommt,

Zur Neutralisierung und Zellaktivierung benötigen wir ausreichend negativ geladene Ionen, die uns Meeresbraunalgen zuführen können

daß basische und neutrale Nahrungsmittel wie Gemüse, Obst, Kartoffeln und Vollkornbrot das Mißverhältnis nicht ausgleichen. Basische Mineralsalze gingen durch den sauren Regen verloren und damit ist die Wertigkeit gemindert. Das Mißverhältnis zwischen den positiv und negativ geladenen Ionen wirkt sich für den Körper fatal aus. Zur Neutralisierung und Zellaktivierung benötigt der Mensch ausreichend negativ geladene Ionen, die mit der Nahrung dem Körper zugeführt werden müssen. Wenn das nicht erfolgt, wird das biologische Leben durch eine überwiegende Anzahl von positiven Ionen belastet.

Die gesündeste Nahrung für uns Menschen sind daher alle Grün-Pflanzen und hier eben die Algen. Von allen Pflanzen haben Meeresbraunalgen die meisten negativen Ionen und nur wenige positive. Die Protonen werden daher von Meeresbraunalgen, zum Beispiel *ascophyllum nodosum*, sehr gut neutralisiert. Gleichzeitig wird eine Stärkung der Zellaktivität bewirkt, die auch meßbar ist.

Übrigens, Metallatome haben positiv geladene Ionen, und das macht man sich in der Umweltmedizin zunutze. Durch die negativen Elektronen von Meeresbraunalgen werden Metallionen gebunden. Diese Verbindung führt zur Bildung unlöslicher Salze, die wiederum aufgrund ihrer Größe nicht von der Darmschleimhaut aufgenommen werden können. Eine Rückführung in den Körper kann nicht erfolgen, und die Schadstoffe werden dann mit dem Stuhl ausgeschieden. Interessant ist, daß körpereigene zweiwertige Metalle wie Eisen oder Zink davon nicht betroffen sind.

Das erklärt, warum Meeresgemüse oder auch Algenkapseln über einen längeren Zeitraum (mindestens kurmäßig über 3-4 Monate) verzehrt werden müssen. Der Körper wird von den Schadstoffen entgiftet, die Zellversorgung optimal verbessert, und gleichzeitig normalisieren sich die ph-Werte von Blut, Speichel und Urin.

Frau *Anke M.*, Hochleistungssportlerin, Triathletin aus Airing: *»Insgesamt habe ich über einen Zeitraum von zwei Jahren sehr gute Erfahrungen mit Algenkapseln gemacht. Anfangs habe ich nicht viel gemerkt, aber nach gut drei Wochen hatte ich das Gefühl, daß der Körper irgendwie freier funktioniert und das Blut besser fließt«.*

Nach fünf Monaten berichtete sie: *»Mein im letzten Bericht gegebenes Urteil kann ich nur noch deutlicher bestätigen. Ein Blutbild mit den Laborwerten vom 16. Mai 1995 zeigt in allen Bereichen optimale Werte auf, worauf besonderes Augenmerk auf die Blutfette, den Blutzuckerspiegel und die Harnstoffwerte gelegt wurde. Auch der Hämoglobinwert, der sonst eher zu niedrig war, hat eine optimale Höhe«.*

Poseidons Apotheke

Viele Wissenschaftler sind der Meinung, daß unsere Zukunft im Meer und nicht in der Raumfahrt zu finden ist. Zahlreiche Meerestiere und Pflanzen sind noch unerforscht, und für die Wissenschaft ist der Ozean eine große Herausforderung.

In den Weiten der Ozeane findet man von niedrigen einzelligen Organismen bis zu hochentwickelten Lebewesen alle Lebensformen. Für die medizinische Wissenschaft ist das ein Schatzhaus, und es wird sicherlich in den kommenden Jahren noch spannende Veröffentlichungen geben.

Im Frühsommer 1995 berichteten Wissenschaftler der Universität Regensburg, daß Algen-Wirkstoffe den Tumoren den

Sauerstoff entziehen. *»Wenn wir in der Lage sind, das Aderwachstum zu blockieren, kann auch der Tumor nicht weiterwachsen«*, sagte *Dietrich Paper* vom Lehrstuhl für pharmazeutische Biologie an der Universität Regensburg, der unter der Führung von *Prof. Gerhard Franz* das Forschungsprogramm leitet. Bei Versuchen mit angebrüteten Hühnereiern setzen sie aus Rotalgen gewonnene, sulfatierte Kohlenhydrate ein. Die Wirksamkeit der Algensubstanz konnten die Regensburger Biologen eindeutig nachweisen.

Sind die Algen geerntet, ist Eile geboten

Wissenschaftliche Untersuchungen mit Meeresbraunalgen führten 1993 und 1996 zu einem ähnlichen Ergebnis. Es wird angenommen, daß u.a. der Biostoff Fucoidan eine krebsvorbeugende und -hemmende Wirkung hat. Es ist schon lange bekannt, daß Algenextrakte Neurodermitis verschwinden lassen können und auch Akne, Schuppenflechte und Herpes beseitigen.

Internationale Wissenschaftler überprüfen weitere medizinische Schätze aus dem Ozean. US-Wissenschaftler der Universitäten Maine (Orono), Arizona (Phoenix) und Kalifornien (San Diego), bestätigen, daß auch verschiedene Meerestierchen wie zum Beispiel Muscheln, Seescheiden oder Moostierchen krebshemmende Substanzen erzeugen. Doch damit sind die Heilkräfte des Meeres noch lange nicht ausgeschöpft. Tausende von Meeres-Lebewesen wie Korallen, Schnecken, Schwämme und viele andere mehr wurden noch nicht einmal ansatzweise untersucht.

Der US-Meeresbiologe *Drew Harvell* meint, daß ein Mittel gegen Krebs und Aids aus dem Meer zu gewinnen ist. Französische Forscherkollegen bestätigten, daß Braunalgen und der Riesentang eine Verbindung produziert, die anscheinend die Vermehrung von Herpes- und Human-Immunodeficiency-Viren (HIV) verhindern. Neu ist die Entwicklung von Kalkalgen, um diese biologischen Implantate in der Knochenmedizin zu nutzen. Test bei Tieren haben eine gute Gefäßbildung in den Transplantaten und eine Reduzierung des Abstoßes nachgewiesen. Bei einem Trümmerbruch verpflanzten US-Forscher erstmals Korallensplitter als Knochenersatz. Das sensationelle Ergebnis: Der Bruch wuchs wieder vollständig zusammen.

Das Meer - dieses unerschöpfliche Reservoir - bietet uns Menschen eine Fülle von Möglichkeiten, um zu regenerieren und um aufzutanken. Bei zahlreichen Erkrankungen ist die Heilwirkung des Meeres nachgewiesen. Intuitiv machen es viele Bürger richtig - sie urlauben einmal im Jahr am Meer. Diesen »Kurlaub« kann man sich aber auch nach Hause holen: Als Badezusatz, Trinkkur oder eine kurmäßige Anwendung mit Meeresalgen als Gemüse oder Algenkapseln. Meeresgemüse gibt es in asiatischen Fachgeschäften, Naturkostläden und Reformhäusern. Algenkapseln können Sie in Reformhäusern, Naturkostläden, Apotheken oder direkt beim Hersteller kaufen. (siehe Bezugsquellen Seite 122)

Bei zahlreichen Erkrankungen ist die Heilwirkung des Meeres nachgewiesen

Frau *Ute S.* aus München schreibt dazu: *»Nachdem ich die Algenkapseln über fünf Wochen eingenommen habe, stelle ich nun allmählich eine allgemeine Verbesserung von Haaren, Haut und Fingernägeln fest. Auch meine Schuppenflechte ist jetzt fast verschwunden. Diese Wirkung war sonst nur ähnlich zu bemerken, wenn ich mich im Urlaub mindestens 14 Tage an der Nordsee aufgehalten habe«.* Nun werden Sie sich sicherlich fragen, nehme ich als Autor dieses Buches die Meeresalgen selber? Ja, uneingeschränkt. Allerdings überwiegend die Algenkapseln, weil sie besser zu handhaben sind. Die geschilderten Erfahrungen kann ich aus eigener Erfahrung und von meinen Patienten bestätigen.
Bleiben Sie fit, vital und gesund.

Fit und vital

– oder was Sie sonst noch für sich tun können

Vitales Lebensmanagement statt krankmachende Lebensgewohnheiten

Wie der Autor in seinen Ausführungen bereits richtig erwähnte, spielen zur Gesunderhaltung des menschlichen Organismus - und dazu gehören Körper, Geist und Seele - sowohl unsere Lebensgewohnheiten als auch unsere Lebensumstände eine große Rolle. Krankmachende Organismen, gleich welcher Art, können sich nur ausbreiten, wenn auch der Nährboden entsprechend vorhanden ist, sprich: wenn unser Immunsystem geschwächt ist.

Es ist zwar wunderbar, daß die Natur uns Rohstoffe (wie Meeresalgen) bereithält, die bereits eingetretene Schäden begrenzen und dem Körper helfen können, seinen Selbstheilungsprozeß zu stärken bzw. voranzutreiben - nur wird diese Hilfe nicht von langer Dauer sein, wenn die Ursachen, die zu der mißlichen Lage führten, nicht abgestellt werden.

Wer wirklich gesund bleiben will, der muß sich darüber klar werden, daß nur er selbst es in der Hand hat, seine krankmachenden Lebensgewohnheiten aufzugeben und sie durch ein sozusagen vitales Lebensmanagement zu ersetzen. Das soll nun nicht bedeuten, daß vom Tage der Einsicht an der absolute Verzicht auf alle möglichen weltlichen Genüsse erfolgen muß, nein - aber für einen gewissen Zeitraum sollten schon einige tiefgreifende Umstellungen erfolgen, von denen manches in den langfristigen Lebensplan mit aufgenommen werden kann. Was das im einzelnen ist und wie es in die Praxis umgesetzt werden kann, damit beschäftigt sich die natürliche Gesundheitslehre. Informationen darüber, wie diese Philosophie tatsächlich gelebt werden kann, erhalten Sie vom Fit fürs Leben-Service des Verlages.
Gudrun Dümer, Heilpraktikerin

Stichwortverzeichnis

AIDS 108
Akne 11, 108
Alginat 16
Allergie 44, 47,45, 55, 63f, 82
Allergiemittel 82f
Amalgam 63, 65f, 69
Aminosäuren 9, 19, 29
Antioxidantien 38
Antriebsschwäche 65
Appetitlosigkeit 71
Arteriosklerose 38
Arthritis 56
Arthrose 56
ascophyllum nodosum 21, 95, 106
Asthma 12, 16, 55
Atemwege 56
Autoimmuerkrankungen 43, 63ff, 87
Autoimmunität 44
Autoimmunreaktionen 63

***B**agot, Dr. Louis* 54
Befindlichkeitsstörungen 13, 15, 98
Besson, Dr. Philippe-Gaston 104
Blutbildung 35
Bluthochdruck 71, 78, 84
Bohnet, Prof. Heinz Günther 35, 36
Braunalgen 21, 33
Bronchitis 12, 55, 70
Brustkrebs 34

***C**aldicott, Dr. Helen* 92
Calcium 41
Chirurgie 76
Cholesterin 72
Colborn, Theodora 77

Darm 13, 33, 45, 57, 60
Darmbakterien 103
Darmflora 103
Darmschleimhaut 37f
Daunderer, Max 64
Dentallegierung 47, 63, 66
Depressionen 55
Diabetes 9
Diabetiker 38
Diät 75
Dünndarmentzündung 11
Durchfall 74,79

***E**dward, Dr. D. Waldron* 48
Ehrlich, Paul 63
Ekzem 11, 68
Entgiftung 26, 41, 57ff
Ernährungsprobleme 56

Fettsäureverbindungen (Lipide) 27
Flavonoide 11
FORSA-Institut 43
Franz, Prof. Gerhard 108

Gelenkschmerzen 16
Gicht 84, 104
Giftstoffe 45, 77
Gleichmann, Prof. Ernst
43, 44, 63

Haarausfall 13, 47, 70, 79
Hämorrhoiden 75
Hauterkrankungen 10, 63
Hautjucken 47
Hautkrankheiten 16
Hautunreinheiten 15
Heine, Hartmut, Prof. Dr.
33, 85
Herpes 108
Herz-Kreislauf 9, 56
Herz-Kreislauferkrankungen
83
Herzbeschwerden 79
Herzinfarkt 14, 84
Hiroshima 48
Holzschutzmittel 44
Hydrokolloid 33

Immunabwehr 33
Immunsystem 12, 33, 103
Infektabwehr 35
Infektanfälligkeit 47
Ionen 106
Ionen-Austauscher 12

Jod 11,12, 33ff, 48
Jod-Akne 37
Jod-Basedow 37
Jodhaushalt 33ff
Jodmangel 34ff, 72
Jodversorgung 36

Kalium 12
Kohlenhydrate 29
Kopfschmerzen 65
Krebs 9, 14, 108
Kreislaufbeschwerden 56
Kropf 36

Leber 45, 59
Lösemittel 44, 47

Magen-Darmgeschwür 73
Magersucht 71
Makroalgen 20
Meeresgemüse 16, 42, 48,
57, 88f, 99, 103, 109, 113
Meerestherapie 54f
Meerwasser 15, 19
Metall-Ionen 13
Mikroalgen 20
Mineralien 9, 13, 19, 28, 37,
41, 103
Mineralstoffe 13, 24, 32
Müdigkeit 56, 65

Nagasaki 48
Nahrungsergänzung 21, 34
Natrium-Ionen 12
Natriumalginat 12, 48, 73
Naturheilmedizin 26
Neurodermitis 108
Nieren 59, 60

Obst und Gemüse 42
Ödem 12, 36
Ökochonder 44
Osteoporose 98

P*aper, Dietrich* 108
PCB-Rückstände 25
Pflanzenstoffe, sekundäre 103
pH-Wert 104
Phykokolloide 17
Pille 35
Plankton 23
Pollenallergie 86
Pusteln 15

Quecksilber 60, 63f, 66
Quecksilber-Ausleitung 26
Quecksilber-Vergiftung 67

Rachitis 54
Radioaktivität 12
Rekonvaleszenz 71
Rheuma 54, 56
Rotalgen 21
Russel, Richard 54

Säure-Basen-Haushalt 104ff
Schadstoffausscheidung 51
Schadstoffabbau 45
Schadstoffbelastung 74
Schadstoffe 58, 61, 78
Schechter, Steven R. 88
Schilddrüse 34f, 93
Schilddrüsenerkrankung 54
Schlafstörung 56
Schleimhäute 73
Schmerz 56
Schultz-Wittner, Dr. med. Thomas 103
Schuppen 15
Schuppenflechte 108
Schwermetalle 44, 48ff, 59, 63
Schwermetallionen 43, 60
Schwindel 65
Selen 41
Sportmedizin 10
Spurenelemente 9, 13, 19, 24, 28, 32, 79
Stoffwechsel 35, 41
Stoffwechselerkrankung 14
Stoffwechselprobleme 56
Streß 97
Strontium 90, 88f

Tabakrauch 45
Thalasso-Therapie 53ff, 123
Tuberkulose 54
Tumorzellen 95
turmorhemmend 33

Übergewicht 72
Umweltgifte 41ff, 45ff, 57ff
Umweltmedizin 13, 41, 44, 78
Umweltschadstoffe 12, 26
Umweltverschmutzung 25ff, 85

Viren 74
Vitamine 9, 13, 19, 29, 32, 103
Vitaminmangel 100

Wachstumstörung 71
Wasserhaushalt 60
Wunden 73
WWF (World Wildlife Fund) 77

Zahnärzte 64, 119f
Zahnmedizin 13, 26
Zellmembran 26ff
Zellregeneration 56

Literaturverzeichnis

Besson, Dr. Philippe-Gaston, »Dynamisch leben durch Säure-Basen-Gleichgewicht«, Waldthausen Verlag

Daunderer, Max, »Gifte im Alltag«, C.H. Beck-Verlag, München, 1995

Diamond, Harvey und Marylin, »Fit für´s Leben« Teil 1 und 2, Waldthausen Verlag

Ellouali, M., et al., »Antitumor activity of low molecular weight fucans extracted from brown seaweed Ascophyllum nodosum«, Anticancer-Ressource, 1993, Nov-Dec; 13 (6 A): 2011

Gleichmann, Prof. Ernst, »Metalion induced autoimunity«, Current opinion in Immunology 7 (1995): 831-838

Heine, Prof. H., Universität Witten/Herdecke, »Wirkungsweise eines Algen-Komplexes«, natura-med, 7-8/1992

Jensen, A., »Present and future need for algae and algalproducts«, Hydrobiologica 260/61 (1993): 15-23.

Lüning, Klaus, »Meeresbotanik«, Thieme Verlag

»Meeresgemüse«, Ost-West-Naturkostführer, Band 4, 1994

Merret, Valerie, »La Lettre Phytothérapique, Nr. 14«, Okt.-November/1989 (Meeresalgen: Heilmittel aus dem Meer und Nahrung für die Gesundheit)

Rauch-Petz, Dr. med. Gisela, »Heilende Biostoffe aus dem Gemüsekorb«, Südwest-Verlag, 1995

Rio, Dr. D. et al., »Antitumor and proliferative effect of a fucan extracted from ascophyllum nodosum against a non small cell bronchopulmonary carcinoma line«, 1996, May-June 16, Anticancer Res.: 1213-8

Schechter, Steven R., N. D., Introduction by C. Norman Shealy, M.D., Ph. D., »Fighting Radiation & Chemical Pollutants with Food, Herbs & Vitamins«, 1994, Vitality, INK, USA

Schultz-Wittner, Dr. med. Thomas et al., »Das Buch der ganzheitlichen Darmsanierung. Gesund durch Colon-Hydro-Therapie«, Fit fürs Leben-Verlag, 1997

Silva, Dr. A. J. et al., »The Effects of Sodium Alginate on the Absorption and Retention of Several Divalent Cations«, Health Physics 19 (1970): 245-251

Sudeck, Christiane, »Meeresgemüse. Energieschub aus dem Meer«, Fit fürs Leben-Magazin 6/1996, S. 30

Tanaka, Yukio, »Application of Algal Polysaccharides as in vivo Binders of Metal Pollutants«, 1981, The Biology of Seaweeds. Botanical Monographs, Volume 17

Über den Autor

er Autor ist niedergelassener Kassenarzt und medizinischer Leiter eines »Fit fürs Leben Wellness-Zentrum« im Unterallgäu. Schwerpunkt des Wellness-Zentrums ist Gesundheitsförderung, Darmentgiftung und Darmsanierung sowie biologische Immuntherapien. Seit Jahren forscht der Autor auf dem Gebiet der Orthomolekularmedizin und konnte in seiner Praxis die Überlegenheit der lebenden Orthomolekularsubstanzen, das heißt der Algen, feststellen. Im vorliegenden Buch stellt der Autor kurz die vielfältigen gesundheitsfördernden Eigenschaften der Braunalgen dar.

Dr. Karel J. Probst

Anwendungsbeobachtung mit Meeresbraunalgen-Kapseln

Zeit: Juni bis Dezember 1996

Anzahl der Patienten: 15

Grund der Therapie: Mineralverlust bei intestinaler Candidose und Ausleitung von Schwermetallen

1. *H. K.,* männlich, 54 Jahre, über 10 Jahre dauernde Diarrhöe, Patient ist berentet; parallel zur Zahnsanierung Reduktion der Schwermetalle mit Algenkapseln, nach 4 Monaten hat sich Diarrhöe deutlich gebessert.
2. *H. A.,* weiblich, 40 Jahre, Patientin hatte hohe Quecksilberwerte (DMPS- und STS-Test), nach 4monatiger Ausleitungstherapie mit Meeresbraunalgen (+ Derivate – Selengaben) konnten die Intoxikationsgrenzen nicht mehr nachgewiesen werden! Dokumentarisch belegt!
3. *D. K.,* weiblich, 30 Jahre, Müdigkeit im Verlauf eines chron. EBV-(Epstein-Barr-Virus-)Infektes und Mangel von Spurenelementen. Nach 4 Monaten gesundheitliche Stabilisierung und Normalisierung von Spurenelementen.
4. *K. H.,* weiblich, 35 Jahre, Verbesserung der Begleitsymptome durch konsequente Algen-Einnahme, Schwermetall-Ausscheidung wurde nachgewiesen (vorher und nachher durch STS-Test).
5. *K. H.,* weiblich, 58 Jahre, Patientin leidet unter einem Zelldefekt, Syndrom bei Candida und Zytomyalgie. Mit einer Thymus-Therapie und zusätzlicher Gabe von Algenkapseln nach 6 Wochen subjektive Verbesserung!
6. *K. H.* männlich, 47 Jahre, zusätzlich Hypercholesterinämie, nach 9 Wochen: Cholesterinwerte etwas verbessert und insgesamt bessere Leistungsfähigkeit.
7. *A.-E. M.,* weiblich, 50 Jahre, zusätzlich Obstipation und Meteorismus, nach 9 Wochen: Stuhlgang-Frequenz verbessert, Abnahme der Obstipation, Meteorismus hat ab-

genommen, Abnahme der Schwermetallbelastung (mit STS-Test nachgewiesen).

8. *E.-M. T.,* männlich, 23 Jahre, die Müdigkeit und Akne (nach 6 Wochen) nehmen unter der Ausleitungstherapie mit den Algenkapseln sichtbar ab. Therapie wird fortgesetzt.
9. *Chr. G.,* weiblich, 37 Jahre, nach 2 Monaten konnte eine deutliche Befundverbesserung (Candida und Schwermetallbehandlung) nachgewiesen werden. Abnahme von Schwermetallen im Urin!
10. *G. A.*, männlich, 46 Jahre, Patient leidet zusätzlich unter Hypercholesterinämie und Divertikulitis: nach 6 Wochen: der Stuhlgang konnte verbessert werden, Therapie wird fortgesetzt.
11. *R. S.,* männlich, 41 Jahre, Patient hatte zusätzlich hohe Belastungswerte von Schwermetallen, die sich bereits nach 4 Wochen Einnahme von Meeresbraunalgen reduzieren ließen.
12. *B. F.,* weiblich, 29 Jahre, Müdigkeit durch EBV-Infekt (chronisches Müdigkeitssyndrom), innerhalb 3 Monate Einnahme von Algenkapseln verbessert.
13. *M. W.,* weiblich, 34 Jahre, Patientin hat durch Mineralverlust (Candida-Infekte) sehr dünne Haare und Alopecia areata. Nach 3 Monaten noch keine deutliche Verbesserung des Haarausfalls, Patientin macht aber weiter.
14. Patientin hat rezidiv. Infekte durch Candida! Die Behandlung ist schwierig, da multifunktionelle Ursachen zu Grunde liegen.
15. *W. E.,* männlich, 59 Jahre, Patient hatte Hypercholesterinämie und erhöhte GT-Werte. Therapiedauer nur 6 Wochen.

Alle Angaben sind belegt. Die Daten sind vom Patientenbogen übernommen worden.

Dr. Claus Muss, Arzt für Naturheilverfahren, Augsburg

Referenzen

(Originalaussagen liegen zur Einsicht vor)

Anke Molkenthin, 83404 Ainring: »*... anfangs habe ich nicht viel gemerkt, aber jetzt nach gut drei Wochen habe ich das Gefühl, daß der Körper irgendwie ›freier‹ funktioniert, das Blut ›fließt‹ irgendwie besser...*«

Nach 5 Monaten: »*Mein im letzten Bericht gegebenes Urteil kann ich nur noch deutlicher bestätigen. Ein Blutbild mit den Laborwerten vom 16. Mai 1995 zeigt in allen Bereichen optimale Werte auf, wobei besonderes Augenmerk auf die Blutfette, den Blutzuckerspiegel und die Harnstoffkonzentrationen gelegt wurden. Auch der Hämoglobinwert, der sonst häufig eher zu niedrig war, hat eine optimale Höhe. Sehr angetan bin ich auch von Ihrer Algencreme. Sie verleiht der Haut nicht nur eine angenehme Frische, sondern läßt sie auch schön glatt und gesund aussehen.*«

Dr. med. Careen A. Schroeter, Klinik Annadal, Maastricht, Niederlande: »*Erfahrungen mit Meeresbraunalgen über einen Zeitraum von zwei Jahren: Bei älteren Patienten besserte sich das Wohlbefinden und die Stimmung, außerdem nahmen die Bewegungsschmerzen ab. Es ist aufgefallen, daß bei Pollenallergikern allergische Reaktionen vermindert auftraten. Die Infekthäufigkeit bei den chronisch bronchial Erkrankten hat neben der überstarken Schleimbildung deutlich abgenommen. Die Rheumatiker mit einer Autoimmmunerkrankung waren leistungsgesteigert und die Schwellung der Finger nahm ab. Auch bei Ca.-Patienten konnte vorläufig festgestellt werden, daß der Allgemeinzustand und die Psyche sich stabilisierten. Auffallend war, daß sich die meisten Patienten ›fitter‹ fühlten und sich über ein generell besseres Wohlbefinden äußerten.*«

Dr. med. Margit Gölling, 21481 Lauenburg: »*Unterstützend wurden Meeresbraunalgen mit gutem Erfolg gegeben bei: Neurodermitis, Erschöpfungen, Müdigkeit, Haarausfall, Stärkung des körperlichen Wohlbefindens, Ernährungsergänzung bei Stoffwechselstörungen und allgemeinen Befindlichkeitsstörungen.*«

Information nur für Fachkreise:

Edith Palme, 47239 Duisburg: »*Seit Monaten nehme ich Meeresbraunalgen und fühle mich sehr wohl. Meine Haare haben sich wunderbar erholt und meine Nägel brechen nicht mehr.*«

Fr. Stuke, Heilpraktikerin, 64285 Darmstadt: »*... ich möchte mich für das Buch ›Energie aus dem Meer‹ von Dr. med. Probst bedanken. Und was die Wirkung der Meeresbraunalgen bezüglich der Amalgam-Intoxikation angeht – ich bin sehr zufrieden!*«

Gerhard Herkert, 74239 Hardthausen: *»Die Algenkapseln sind super und tun mir sehr gut.«*

Annerose Nolte, 28816 Stuhr: *»Gerade habe ich die Kurpackung (= 3 Dosen à 90 Kapseln) bekommen. Ich nehme Ihre Algenkapseln regelmäßig, und sie bekommen mir sehr gut. Bitte senden Sie an Dr. K. in Bremen Informationen und Proben. Ich habe Algenkapseln mitgenommen, und er war ganz begeistert von ihrer Wirkung. Er arbeitet mit Elektroakupunktur.«*

G. und *E. Bachmann,* 87730 Bad Grönenbach: *»Wir nehmen Meeresbraunalgen nun seit drei Monaten. Bei unserer Tochter (13 Jahre) hat sich der Haarwuchs deutlich verbessert. Meine Fingernägel sind deutlich fester geworden, und mein Mann fühlt sich fit und ist ausgeglichener.«*

Werner und *Magda Berlenbach,* 67454 Haßloch: *»Mein Mann und ich fühlten uns hundeelend. Wir waren müde und schlapp. Uns gingen die Haare aus, und trotz vieler Medikamente wurde alles nur noch schlimmer. Aus einer Zeitschrift für Gesundheit haben wir etwas über Ihre Algenkapseln erfahren. Erst kauften wir eine Dose und spürten danach schon den Erfolg. Dann kauften wir drei Dosen und sind heute begeistert: Unsere Haare sind deutlich besser geworden, wir schlafen so gut wie schon lange nicht mehr, und auch im Gesicht sieht man den Erfolg. Wir sind dankbar, daß es so etwas wie Ihre Algenkapseln gibt. Wir haben sie auch schon öfter mit gutem Gewissen Freunden und Bekannten empfohlen.«*

Dr. med. dent. Gabriele Offer, 28870 Ottersberg: *»... die Meeresalgenkapseln tun meinem Mann und mir sehr gut. Wir empfehlen sie auch unseren Patienten.«*

Charlotte Weinzierl, 81243 München: *»Nach mehrmonatiger Kur mit Ihren Algenkapseln kann ich Ihnen von bestem Wohlbefinden und einer unerwartet raschen Abheilung von Operationswunden (Hallus Valgus) berichten. Selbst der Operateur war über den Heilerfolg nach bereits 14 Tagen erstaunt.«*

Gudrun R., Ludwigsburg: *»... seit 7 Monaten nehme ich die Algenkapseln und habe positive Erfahrungen gemacht:*

1. *Mein Zahnarzt stellte festes, entzündungsfreies Zahnfleisch fest, und Zahnstein wurde nicht mehr gefunden.*
2. *Kein Haarausfall mehr! Meine Friseurin entdeckte ganz viele neue Haare (Flaum), einfach toll!*
3. *Über 10 Jahre nahm ich regelmäßig Brochicum-Tropfen wegen einer chronischen Bronchitis. Seit November 95 brauche ich sie nicht mehr.«*

Doris Sutter, 74321 Bietigheim: *»Seit einigen Monaten nehme ich Meeresbraunalgen und habe herausgefunden, daß ich mich wohler und aktiver fühle. Ferner habe ich festgestellt, daß meine Fingernägel nicht mehr brüchig sind.«*

Dr. med. Kerstin L., Templin: *»... neuerdings setze ich mit gutem Erfolg die Algenkapseln ein, um schneller zu einer allgemeinen Entschlackung zu kommen.«*

Hilde K., Langenau: *»Mein Problem war sehr viel Streß, Akne und starker Haarausfall. Ich kann nur Positives über Ihre Algenkapseln berichten und bestelle gern eine weitere Kur-Packung.«*

Klaus Dirzus, Dortmund: *»Seit Einnahme der Algenkapseln hat sich mein Allgemeinbefinden deutlich gebessert, und auch die üblichen Erkältungskrankheiten sind bisher ausgeblieben. Selbst mein Schlafrhythmus ist positiv beeinflußt worden.«*

Wiltrud K., Reinhardshagen: *»Mein Mann und ich nehmen seit drei Monaten die Algenkapseln, und wir können schon jetzt sagen, daß wir uns wohler fühlen und viel ausgeglichener sind und den Alltag besser meistern. Aus diesem Grund bestellen wir zwei weitere Kur-Packungen.«*

Dr. med. dent. J. Eigenherr, 23795 Bad Segeberg: *»... vor allem die durch Schwermetalle stark belasteten Nervenplexuspunkte normalisierten sich erheblich. Als Nebeneffekt wird häufig über die als angenehm empfundene Regulierung der Verdauung berichtet.«*

R.J. Michalzyk, 52066 Aachen: *»Ich bin im 80. Lebensjahr, und um wieder Schwung zu bekommen, wurden mir von meiner Ärztin Ihre Algenkapseln empfohlen. Ich könnte sagen, Ihre Algenkapseln haben bei mir Wunder gewirkt: mehr Schwung, besseren Appetit und Wohlbefinden!«*

Mathias Schink, 36396 Steinau: *»... seit zwei Monaten nehme ich die Algenkapseln und habe nur positive Erfahrungen gesammelt. Ich habe auch keine Probleme mehr mit meiner Haut.«*

Vera B.-P., Uetze: *»... nach einigen Wochen der Anwendung Ihrer Algenkapseln war meine Haut wieder schön und der Haarausfall völlig gestoppt, neue Haare wuchsen nach. Körperlich fühle ich mich nun wieder top fit!«*

Kontaktadressen

PLZ 0-

Leonhardt Walter
Heilpraktiker
Gartenstraße 28
01796 Pirna

PLZ 1-

Michael Wünsche
Heilpraktiker
Straße an der Bahn 28
16356 Blumberg

PLZ 2-

Dr. med. dent. Norbert Goll
Jungfernstieg 43
20354 Hamburg

Dr. med. Margit Gölling
Weingarten 22
21481 Lauenburg

Barbara Suhr
Heilpraktikerin
Bungestraße 31 B
21682 Stade

Dr. med. dent.
Christiane Krüger
Zahnärztin
Suhrsweg 8
22305 Hamburg

Dr. med. dent. Ute Henriot
Zahnärztin
Hempberg 1
22848 Norderstedt

Dr. med. dent. Volker Wettlin
Heidekamp 6
25996 Wenningstedt

PLZ 4-

Dr. med. Klaus Kohl
Herrenstraße 77
47665 Sonsbeck

PLZ 5-

Dr. H. J. Dockenfuss
Dr. U. Müller
Zahnärzte
Königswinterstr. 675
53227 Bonn

Dres. med. dent.
Claudia und Herbert
Hommes
Bergisch-Gladbacher Str. 701
51067 Köln

Willi Mertes
Heilpraktiker
Ballengasse 3
53913 Heimerzheim

Oliver Speer
Heilpraktiker
Lindenstraße 18
58540 Meinerzhagen

PLZ 6-

Dr. Regina Brzoska
Rendeler Straße 23
60385 Frankfurt/M.

Magdalene Klein
Heilpraktikerin
Sandgasse 13
61200 Wölfersheim 1-Södel

Friederike Stuke
Heilpraktikerin
Claudiusweg 17 A
64285 Darmstadt

Dr. Manfred Busch
Marktstraße 32
65183 Wiesbaden

PLZ 7-

Dr. med. Brigitte Gertz
Freudentaler Straße 9/6
74343 Sachsenheim

Dr. med. Christine Roth
Weinstraße 68 a
76887 Bad Bergzabern

Erika Gampper-Lucht
Heilpraktikerin
Bahnhofstraße 33
71364 Winnenden

PLZ 8-

Dr. med. Peter Fehring
Mittenwalder Straße 34
82467 Garmisch-Partenkirchen

Dr. med. Richard Schader
Wendelsternstraße 6
83209 Prien

Dr. med. Claus Muss
Bahnhofstraße 8
86150 Augsburg

Dr. med. Michael Schreiber
Dr. med. Helen Wai-Ngan Schreiber
Hauptstraße 45 B
86482 Aystetten

Dr. med. habil Dr. Dr.
Karel J. Probst
Mozartstraße 22
87724 Ottobeuren

Johannes Sinz
Zahnarzt
Koneberg Straße 4
87724 Ottobeuren

Dr. med. dent.
Susanne Schott
Zahnärztin
Schelergasse 6
89073 Ulm

PLZ 9-

Dr. med. Josef Höckmayr
Schulstraße 22
97286 Sommerhausen

Hans-Joachim Stöbe
Heilpraktiker
Königstraße 53
90402 Nürnberg

Niederlande

Dr. med. Careen A. Schroeter
Ärztin, Leiterin Dep. of.
Laserurgery, Klinik Annadal
Medisch Centrum
Becanusstraat 17
NL 6216 BX Maastricht

Bezugsquellen

Fit fürs Leben-Service
Stendorfer Straße 3
27718 Ritterhude

Meeresalgen-Kapseln

Neomed Pharma GmbH
Falkenstraße 22
23564 Lübeck

Algeorvital Vertriebs-GmbH
Industriestraße 35
52525 Heinsberg

Erhältlich in allen Apotheken

Bionika Versand
Stendorfer Straße 3
27718 Ritterhude

Getrocknete Meeresalgen

Asiatische Lebensmittel-Läden

Reformhäuser

Thalasso-Kuren

Kurbäder an Nord- und Ostsee

Kurbäder in der Bretagne
Brest/Roscoff